教室で 保健室で 相談室で
すぐに使える！

とじ込み式
自己表現ワークシート

諸富祥彦 監修　大竹直子 著

図書文化

まえがき

いつでも，どこでも，すぐ使える，おすすめのワークシート
諸富祥彦

　教室でも，保健室でも，相談室でも。授業でも，エンカウンターでも，保健室(相談室)登校の子どもとの対話のきっかけとしても。「いつでも，どこでも，すぐ使える！」とびきりのワークシートがここにあります。

　ぜひおすすめしたいのですが，監修者として，まず，①このワークシートが必要とされる背景について，そして②このワークシートの特色についてお話しさせてもらいます。

子どものこころが求めていること

　子どものこころが危うい。多くの教師やカウンセラーがそう感じています。

　とくに，小学校高学年から高校生くらいまでの，思春期の子どもたちのこころは，もうぐちゃぐちゃ。もともと思春期はそういう時期なのですが，1990年代以降，日本社会全体が方向性を見失い，共通の「生き方」「こころの型」をもてなくなってから，ますますこの傾向が強まっています。

　自分がわからない。

　何をしたいのか，どうしたいのか，わからない。

　自分のことを考えているとこころがイライラしてきて，もうキレてしまいそう。

　そんな，ぐちゃぐちゃなこころを抱えて，自分でも自分のことをどうしたらいいか，わからない。

　子どもたちは，そう訴えます。

　そしてその不全感，無力感が極限まで高まってしまうと，突然キレて，ほかの子に暴力を振るったり，暴言を吐いたり，カッターナイフで自分を切り刻んだりし始めるのです。

　プチ家出を繰り返したり，万引きをしたりする子どもたちのこころも同様です。

　リストカットなどの自傷行為や摂食障害に苦しむ子どもたちも，同じような悩み苦しみを抱えています。

　そして，目にはつかないけれども，一般に「ふつうの子」とよばれる多くの子どもたちも，実は同じような，せっぱ詰まった気持ちを抱え，限界ギリギリ。いっぱいいっぱいのところで毎日何とかしのいで生きている，というのが実情だろうと思います。

　一見，元気で何の問題もないように見える子どもたちも，よく話を聴くと，実はかなり追いつめられています。元気だと思っていた子がカウンセリング・ルームで突然，「もう生きていなくて，いいと思う」などと言い始めるのを聞いて，愕然とさせられることも少なくありません。

　子どもたちのこころが何かを言いたがっている。何かを訴えたり，表現したがっている。

ぐちゃぐちゃの状態から，何かの「かたち」になりたがっている。

　けれど，いまはほんとにぐちゃぐちゃなので，どうしたらいいかわからない。自分をどう表現したらいいかわからず苦しんでいる。

　それが現実なのだろう，と私は思います。

　では，どうしたらいいのか。

　第一に，子どもたちが，というより，子どもたちのこころが，みずからを安心して表現することができるためには，それを受け止めてくれる受容的な環境が必要です。

　「そうか，そんなことを感じているんだ」

　そんなふうに，自分の思いを受け止めてくれる場。確実に，自分の思いを受け止めてくれる大人の存在。それがなくては，自分でもまだどんな形を与えればいいかわからない。そんな混沌とした気持ちを，何とか言葉にしたり，イメージにしたりしていくことなど，とてもできるものではないはずです。

　子どもたちのこころが育つために必要なもの。それは「ぽかぽかした，あたたかい学級」であり，自分が助けを求めたら確実に受け止めてくれる「弱音を吐ける家庭」です。ことあるごとに私はそう言ってきました。

　子どものこころが自らを表現し，形にしていくことができるためには，このような，確実に安心できる，受容的な周囲の大人からの支えが何よりも必要とされるのです。

　そして，子どものこころが育つために必要なもの。それは，子どものこころにとって，自己表現の触媒となることができるような教師のスキル（技）であり，その刺激を与えてくれる教材の存在です。

「自己表現ワークシート」でこころを育てるプロセス

　「自己表現ワークシート」は，まさにこのようにして，子どもの「こころ」がみずから「かたち」を獲得していこうとするそのプロセスを支えていくものです。

　くわしくは本文をお読みいただきたいのですが，子どものこころがみずからを表現していくそのプロセスには，次の3つの作業が含み込まれている場合が少なくありません。

　（1）ゆったりした「スペース」の中で自分を見つめる

　授業だ，部活だ，学習塾だ，と普段忙しくすごしている子どもたち。少しゆったりした雰囲気の中で，日ごろの忙しい時間の流れをピタッと止めて，自分を見つめることが必要です。「こころのスペース（空間）」を感じながら，ゆったりとした時間をもつことが大切です。

　これだけでも十分いい効果があるものですが，さらに，自分のこころはいま，どんなふうかな，と見つめていきます。

　（2）自分を表現する

　無理をしなくていいのですが，もしあなたのこころが自分を表現したがっていたり，何

かを言いたがっているならば，それを言葉やイメージを使って表現する時間をもちましょう。ぐちゃぐちゃしていたこころも「かたち」をもつことで安定してきて，イライラしなくなるかもしれません。

一般に，こころの成長は，このように，「ぐちゃぐちゃのこころ」→「言葉やイメージでかたちを得る」→「またぐちゃぐちゃに」→「かたちを得る」→「ぐちゃぐちゃに」といった感じで，ジグザグを繰り返しながら，進んでいくのです。

（3）体験を分かち合う

自分のこころを，何らかの言葉やイメージなどで表現し，「かたち」を得ることで，何がどんなふうに変わってきたか，何を感じ，どんなことに気づき発見することができたかを，安心できる仲間たちと分かち合うことが大切です。

聴いてくれ，受け止めてくれる人の存在があるからこそ，こころは安心してみずからを表現したがります。「かたち」になりたがるのです。

魅力的なとびきりのワークシート

ここに，26種類の「こころを育てる自己表現」のワークシートがあります。

朝の読書の時間に。ホームルームや道徳の時間に。そして授業の時間や，学校から帰ったあと，自宅で……。

ちょっとした「すきまの時間」に，本書のワークシートを効果的にご活用ください。そうすれば，子どもたちのこころが安定し，子ども同士のいさかいが少なくなるのは確実です。暴力やリストカットなどの手段に訴えるのではなく，言葉やイメージで気持ちを表現する子どもも増えていくでしょう。おとなしくて，これまで自分の気持ちなんてほとんど口にしたことがなかった子どもでも，「このワークシートなら」と自分を表現し始めるかもしれません。

教室でも，保健室でも，相談室でも。エンカウンターでも，授業でも，道徳の時間でも……。要するに，「いつでも，どこでも，すぐ使える」のがこのワークシートの最大の魅力です。

著者の大竹直子さんは，中学や高校のスクールカウンセラーや大学や短大でのカウンセラーを長年務めてこられた方。私の教え子の一人ですが，あたたかくて，そばにいるだけで安心できる雰囲気がただよっている「とびきりのカウンセラー」です。

本書が大竹さんのような，安心感と信頼感に満ちた方によってこの世に産み落とされたことをこころから祝福したいと思います。

ぜひ，おすすめですよ。

教室で◆保健室で◆相談室で◆すぐに使える！

とじ込み式 自己表現ワークシート

もくじ

まえがき　2

第1章　自己表現ワークシートでこころを育てる

　第1節　こころを育てるとは　8
　第2節　自己表現でこころを育てる　11
　第3節　自己表現していく3つのプロセス　13
　第4節　自己表現ワークシートでのこころの育て方　19
　第5節　自己表現ワークシートの使い方　30

とじ込み式『自己表現ワークシート』一覧

〔自分を見つめる〕スキスキ・ランド／どんなとき?!／私の宝もの／自分辞書／自分の人生ゲーム／小さいころの風景

〔自分のこころの整理〕元気リスト／自分のなかのいろんな自分／安心ワールド／ニコニコさんとチクチクさん／気になること，さようなら

〔つながりの中の自分を実感する〕「ありがとう」の花束を作ろう／つながり地図／クラスの中の自分／いのちのつながり／相手も自分も大切にした言葉で伝えよう

〔自分との対話〕こころのお天気／こころの中の小さなさけび／どんな「こころの虫」が住んでいる？／見守ってくれているもの／自分への手紙

〔新たな自分との出会い〕魔法使いがやってきた！／この歌，だ〜いすき！／主人公は鬼！〜桃太郎〜／自分の気持ちを詩にしてみよう／幸せへの願い

〔補助シート〕今日のありがとう／今日のしあわせな出来事

〔ふりかえりシート〕ふりかえりシート／○○さんへ／感じたこと・考えたこと

第2章　ワークシートの使い方

自分を見つめる
- 1　スキスキ・ランド　38
- 2　どんなとき?!　40
- 3　私の宝もの　42
- 4　自分辞書　44
- 5　自分の人生ゲーム　46
- 6　小さいころの風景　48

自分のこころの整理
- 7　元気リスト　50
- 8　自分のなかのいろんな自分　52
- 9　安心ワールド　54
- 10　ニコニコさんとチクチクさん　56
- 11　気になること，さようなら　58

つながりの中の自分を実感する
- 12　「ありがとう」の花束を作ろう　60
- 13　つながり地図　62
- 14　クラスの中の自分　64
- 15　いのちのつながり　66
- 16　相手も自分も大切にした言葉で伝えよう　68

自分との対話
- 17　こころのお天気　70
- 18　こころの中の小さなさけび　72
- 19　どんな「こころの虫」が住んでいる？　74
- 20　見守ってくれているもの　76
- 21　自分への手紙　78

新たな自分との出会い
- 22　魔法使いがやってきた！　80
- 23　この歌，だ〜いすき！　82
- 24　主人公は鬼！〜桃太郎〜　84
- 25　自分の気持ちを詩にしてみよう　86
- 26　幸せへの願い　88

補助シート
- No.1　今日のありがとう　90
- No.2　今日のしあわせな出来事　90

ふりかえりシート
- No.1　ふりかえりシート　92
- No.2　○○さんへ　92
- No.3　感じたこと・考えたこと　92

あとがき　94

第1章

自己表現ワークシートでこころを育てる

第1章　自己表現ワークシートでこころを育てる

第1節

こころを育てるとは

　「子どものこころは成長に伴って自然と育つもの」——かつてあったそうした考えが通用しなくなってきました。「子どものこころを積極的に育てていかなくては」という危機感が生まれてきたのです。子どもが問題を抱える前に予防すること，個々の子どもがもっている豊かな部分を十分に引き出すことが求められているのです。

自分がどう感じているかわからない

　子どもたちと話していると，ときおり「自分がどう感じているのかわからない」「けれど，友達と仲良くするために"どうすべきなのか"はわかるよ」という声を聞きます。このように語る子どもは「生きている実感がない」「毎日が夢のなかにいるみたい」とも言います。これでは希望ももてず，毎日が楽しくありません。

　日本の社会や人間関係の特徴に「ピアプレッシャー（同調圧力）の強さ」があります。それは子どもの社会も同じこと。「みんなと同じでないと仲間はずれにされるかもしれない」「こんなことを言ったら嫌われるのではないか」「みんなといっしょが安心」と考えがちです。自分の気持ちを大切にするよりも，周りの子どもたちの様子や言動を無意識のうちにうかがっているのです。

　友達の顔色をうかがい自分の言動を周りに合わせたり，自分の気持ちを押さえ込んでしまう。そんな毎日を繰り返していると，「自分」や「自分らしさ」が見失われてしまいます。

キレる理由

　子どもたちのこころは，いつも元気で，明るくて，前向きというわけにはいきません。くよくよする面，イライラする面もあるのは当然です。

しかし子どもたちの多くは，悩みを抱えることに否定的なイメージをもっています。「悩んでいる自分を友達に知られたくない」「悩んでいる自分はダメな自分」ととらえるため，悩みを回避しようとします。そのため子どもたちは，悩みを自分の中で保持する力が弱くなっています。

人は，悩みや問題をもつことで「自分のイヤな感情」をいやでも味わわずにいられなくなります。味わいながら「ああでもない，こうでもない」と葛藤します。そうする中で「自分なりの問題解決」への糸口を見出したり，自分をコントロールする方法を学んでいくのです。こうした自分なりの問題解決の方法や，感情をコントロールする方法を身につけることが「大人になる」ためには必要です。

自分の気持ちがわからず，自分の望ましくない面に目を向けられない子どもたち。そのことがキレたり，リストカットなどをして自分を傷つけたり，あるいは「おなかが痛い」といった，からだの症状が生まれることにつながっていると考えられます。

🌱 こころを育てる，はじめの一歩

私が「こころを育てる」ために，いま，子どもたちに一番大切であると感じているのは「"自分らしさ"の実感」です。

子どもたちは，周りの目を気にせずにすむ，安心できる空間と関係の中で自分を語ったり，自分の気持ちを絵や言葉で表現していくと，何かを取り戻していくように，元気になることがあります。

自分を実感し，「自分らしさ」を自覚するだけで，イキイキと変わり始める子どもがたくさんいるのです。

子どもが「自分」や「自分らしさ」を感じることができる体験をすることで，成長へむかっていく力を引き出すことができるのです。

本来の「その子自身」でいさせてあげること，子ども自身がそうした自分に気づくことで「自分の実感」を取り戻すこと……，それが「こころを育てる」一歩になると感じています。

第1章　自己表現ワークシートでこころを育てる

第1節

🌱 こころを育てる働きかけ

「こころを育てる」教育を展開するには，教師の積極的な働きかけが必要です。すると「どのように働きかけるか」が重要になってきます。

「働きかけ」を考える際に大切になってくるのが「子どものこころの育ちをどのように考えるか」ということ。それに沿って考えていくための「柱」（プラン）を立てることが重要です。諸富（2001）は，こころを育てる教育モデルを次の4次元で考えています。

① 自分自身とのかかわり
② 他者とのかかわり
③ 集団や社会とのかかわり
④ 人間を越えたものとのかかわり

①「自分自身とのかかわり」では，自分や自分の人生を大切にできること，自己肯定感や自尊感情を大切にします。②「他者とのかかわり」は，自分も相手も大事にできるようなアサーティヴな人間関係を育みます。③「集団や社会とのかかわり」では，他者や集団，社会に貢献できる喜びを味わうことを目的にします。そして④「人間を越えたものとのかかわり」では，深い自己肯定感，こころの安定感を育みます。

私が述べてきた「自分らしさ」を実感させるかかわりは，このモデルプランで言うと「①自分自身とのかかわり」にかかわる内容になります。まずイキイキした自分を実感できてこそ，「他者とのかかわり」，「集団や社会とのかかわり」を築き，「人間を越えたものとのかかわり」によってより深く自分を見つめることができるようになるのではないでしょうか。

図　こころを育てる教育のモデルプラン
①自分自身とのかかわり
②他者とのかかわり
③集団や社会とのかかわり
④人間を越えたものとのかかわり

参考文献：諸富祥彦編『こころを育てる授業ベスト22』（図書文化社，2004）
諸富祥彦編著『カウンセリング・テクニックを生かした新しい生徒指導のコツ』（学習研究社，2001）

第2節

自己表現で
こころを育てる

子どもに合った方法とは

　私は，いまの子どもたちには次のような傾向があると考えています。子どもは自分自身のことや自分の気持ち（とくにイライラやムカツキなどの否定的な気持ち）を，

① 表出する機会が少ない
② 直接表に出すことを好まない
③ 自分の評価や友達関係に影響を及ぼさない表現方法を好む

　こうした傾向を無理に変えさせるのではなく，子どもたちの気持ちを考慮すること，大切にしてあげる中で，「こころの育て方」を考えていくことが重要だといえるでしょう。

思春期の子どもと自己表現

　私は，「子どもたちが安心して，楽しく，『自己表現』できる機会と方法を提供していくこと」が大切であると感じてきました。なぜなら自己表現は思春期の子どもたちにとって，大切な「自分になっていく」作業の一つだからです。

　思春期は，子どもたちに身体的な変化だけではなく，大きな「こころの変化」ももたらします。この時期，「自分が自分であることを許せること」が最初の大きな課題です。生まれてきた環境や家族も，自分の身体も，変えることのできないもの。それを受け入れて「ぼくはここから出発するんだ」と思えるために，「自分」という存在や，自分が置かれている環境についてあれこれ考え始めるのです。「私ってどういう存在だろう」「どうして生きているんだろう」「どうして勉強しなければならないんだろう」「どうしてこの家に生まれてきたんだろう」などと，自分への問いかけがはじまります。生

第1章　自己表現ワークシートでこころを育てる

第2節

涯続く「自分探し」の始まりです。（楡木，1999）

　このようなとき，子どものこころは，さまざまな気持ちが混ざり合い，混沌としています。言葉では言い表せない憂うつな時期を過ごしているといっていいでしょう。

　このとき必要なのが，「混沌とした気持ち」に「かたち」を与えてあげること。どうしようもなく混ざりあった自分の気持ちを，言葉や絵を用いて表現することで「かたち」が与えられます。

　かたちが与えられると，それと距離をとってながめることが可能になります。そして，子どものこころは安定していきます。

　こうした「かたち」を与える作業，つまり「自己表現」が「自分らしさの実感」につながっていく，そしてそれが子どものこころの成長を助けていくのだと考えられます。

🌱 自己表現で育つ子どもたち

　「どうせオレは」が口癖で，自分のことが大嫌いな中学2年生のアキラ君(仮名)は，昼休みになると「ヒマだ」と言って，カウンセリング・ルームを訪れました。そしてよく，ワークシートを書いたり，コラージュを作成してすごしていました。それが何度か繰り返されたころ，「ねぇねぇ，これ見てよ！　よく書けているでしょう？」「オレって，結構おもしろいヤツだよね？」などと自分が表現したものを私に見せるようになったのです。やがて，友達をカウンセリング・ルームに連れてきて，自分の作品を見せたり，いっしょにワークシートやコラージュをするようになりました。

　教室での様子にも変化が見られました。ひとりで食べていた給食もグループに加わるようになりました。行事にも積極的に参加し，委員会活動もするようになりました。

　「勉強も運動も苦手な自分は，肩身が狭かった。みんな，イキイキしているから，自分は影になっていた。でも，オレって結構いいかも!?　と最近思っているんだよ」とアキラ君は話してくれました。

参考文献：楡木満生『自分らしく生きるために（上）』（NHK出版，27-29p，1999）

第3節

自己表現していく3つのプロセス

　子どものこころを育てる「自己表現」を行うためには、次の3つのプロセスが大切です。

1　自分の気持ちにていねいに意識を向ける時間・空間をもつ
2　自分を表現する（気持ちや浮かんできたイメージなどを表現する）
3　自分や友達が表現したものを分かち合う

Step1 自分の気持ちにていねいに意識を向ける時間・空間をもつ

○意識的に自分のこころに耳を傾ける

　子どもたちと話していると、「ストレスがたまっているなぁ」「疲れているなぁ」と感じることがあります。

　何かに追いたてられているような忙しい毎日。授業、部活、帰宅。カバンを持ち替えて塾へ、帰宅するのは10時過ぎ。それから宿題。そんな子どもも少なくありません。

　毎日の睡眠時間は6時間。日曜日には「寝だめ」をする。そんな言葉も聞きます。

　毎日、時間に追われているため、じっくり自分について考えたり、自分の気持ちを見つめる時間がほとんどもてません。

　学校では、例えば国語の時間などに「感じたこと」を表現することがあります。「作品」や「主人公の気持ち」などについて、自分が感じたことを言葉にしていきます。しかし、子どもたちが「自分」について、ていねいに意識をむけて思いめぐらしたり、そのときの気持ちを感じてみる機会は、意外と少ないようです。

　「自分」に目を向けてみること、そして「自分」や「自分の気持ち」をていねいに感じていくことを意識的かつ計画的に教育活動の中に取り入れることが重要になってきます。

第1章　自己表現ワークシートでこころを育てる

第3節

○時間と空間の確保

そのために必要なのが「時間」と「空間」です。

次々と作業や行動をしていくのではなく，あえてじっくり，ゆっくり時間をとってみる。日ごろの生活ではあまりない「ただ自分の気持ちをていねいに感じている時間」を設けるのです。

自分に意識を向ける時間をもつと，まず自分の中に「気持ち」や「感情」があることに気づきます。その感情の正体が何であるかはわからなくても，自分の内側に「何か」が存在すること（例：「モヤモヤする何か」や「がらん，としていて何もない感じ」があること）がわかるでしょう。そして，それをやさしい気持ちでていねいに感じ，感じるままを認めてあげます。そうすることで，その「何か」が少しずつ明確になっていきます。

このような方法を「フォーカシング」といいます。

フォーカシングは「こころの声を聴く方法」であり「自分の気持ちとうまくつきあうための方法」です。自分が感じていることに，ていねいにやさしく注意をむけて，あたかもそれと会話をしていくように，いま感じている「こころの内側にある何か」の声を聴いていくのです。「自分」は聴き役になり，自分の内側にある「感じ」「こころ」が発するメッセージに耳を傾けます。"感じ"があること」をそのまま「認めて」いくのです。こうした「こころの声」を聴くことは，自分の気持ちとうまくつきあったり，自分らしく生きていくことを可能にしてくれるのです。（コーネル，1999）

日ごろ私たちは「もっとがんばらなきゃ！」「もっとしっかりしなきゃ！」と自分のこころに話しかけることがあっても（かなり強引に「言い聞かせる」こともあります），自分のこころの声に耳を傾けることはほとんどありません。ですから，自分の心の声を聴く習慣をつくっていくためにも，自分の気持ちにていねいに意識を向ける「時間」と「空間」を確保することはとても大切なことなのです。

Step2 自分を表現する

○気持ちに形を与える

　「自分を表現すること」は，先にも述べたように「気持ちに"かたち"を与えること」です。

　しかし，あいまいだったり複雑だったりする気持ちは，なかなか言葉にならないもの。それを「とりあえず」表現してみることで，「そうそう！　この言葉！　この感じ！」と実感したり，「感じていることは，こういう言葉（色）ではないな」と気づいたりします。よりピッタリくる「かたち」（表現）を探すことができるのです。こうして「かたち」が与えられると，それと距離をとることが可能になります。距離をとりながら，ながめてみることができます。これが子どもたちに「こころの安定」をもたらすのです。

○こころが整理され，元気がわいてくる

　表現することは「こころの整理」にもつながります。

　中学２年生のある女子生徒は，学校への思いを左のように詩にしました（ワークシート「自分の気持ちを詩にしてみよう」参照）。

学校

学校って何？　ただめんどうなだけじゃん
友達には会いたいけど…つまんない。
自由じゃないし、いためつけられている感じ
そりゃ、いい所もあるよ。だけどさ…
人生の中で中学って一番つまんなくって
いやな時代だよ。
幼児の時は自由きままで…楽しかった。
あの頃にもどりたいよ。
何も分からなかった、あの頃に…。
でも…無理だよね…そんな事。
　――くじけちゃダメだよね。
そう、つまんないと思うからつまんないんだ。
色々といい所見つけてみよう。そうだよね！

　最初は，「学校が面倒であること」「つまらない」「自由じゃないし，痛めつけられている感じ」と書いています。こうした自分の気持ちを表現し終わると，今度は，子どものころの楽しい出来事を思い出します。さらに「くじけちゃダメだよね」「いい所見つけてみよう」という感情が湧いてきます。

　このように書き始めは「学校が面倒」という気持ちであったのが，自分の気持ちを表現していくことで「こころが整理」され，新たな気持ちや生きる活力がわいてくるのです。

第1章　自己表現ワークシートでこころを育てる

第3節

○表現を促す秘訣

　子どもたちに決して無理強いをしてはいけません。自分のこころが自分を「表現したい」気持ちになることが、自由にのびのびと自分を表現し始めるときです。

　こうした見守る雰囲気の中で「自分を表現すること」が大切です。

Step3　自分や友達が表現したものを分かち合う

　このように「表現したもの」は、一人一人の子どもらしさが表れたものです。それを友達と「分かち合う」ことは、自分や友達を理解するだけではなく、あたたかな「こころの交流」を体験できる場面でもあります。

　「私の話を聞いてくれた」、それだけで元気の出る子どももいます。「私も、そう感じることがあるよ」と友達が言ってくれたことで、長く1人で抱えていた否定的な感情が「ふっとんでしまった！」と言う子どももいます。いっぽう自分が言ってあげた言葉で喜んだ友達の様子を見ることで「私も人に元気をあげられるんだ！」と喜びを感じる子どももいます。

　では「分かち合うこと」で何がおこるのでしょう。

○安心感をもたらす

　子どもたちにとって「表現したもの」は大切な自分の一部です。「分かち合い」の時間には、それを友達と共有するのです。

　最初は、ドキドキしていたり、「恥ずかしいなぁ」と感じていたり、ワクワクしていることでしょう。そうした気持ちをもちながらも、「表現したもの」を友達に語り、友達も自分に「表現したもの」を語ってくれる。子ども同士、耳を傾け合う。

　こうした相互の交流、つまり「分かち合うこと」「共有すること」が子どもたちに安心感をもたらすのです。

○新たな気づき

　また、こうした「分かち合い」では、次のようなことも起こりま

す。一つは「とらえ直し」の作業です。友達に自分の表現したものや感想を語ることを通して、もう一度、表現したものをとらえ直し、感じ直すのです。

分かち合いの時間は、表現した時点から少し時間が経っています。そのため集中して作業していたときとは「表現したもの」を見る視点や意識の状態が異なります。そのため、新たな見方ができたり、表現しきれなかった「何か」に気づくことがあります。

○友達からメッセージをもらえる

さらに友達からのメッセージ（フィードバック）を得られることも大きなメリットです。ふだんは言葉にすることのない自分の気持ちを「表現」したものに対して、感想や肯定的なフィードバックをもらえると、「自分」を「わかってもらえた」「受け入れてもらえた」という重要な体験になります。

このように、子ども同士の「分かち合い」は、それ自体が「安心感」や友達との「つながりの実感」をもてる機会だといえます。そして、こうした中だからこそ、「自分」という存在を確認できるのです。自己肯定感や自己理解、他者理解などは、こうした体験によって育まれていくのです。

🌱 ポイントは「安心感」と「実感」

私はこれまで多くの子どもたちが、これら3つのステップを経て「自己表現」をする様子を見てきました。

その中でわかったことは、この3つのステップが、子どもの「こころを育てる」栄養剤になるためには、子どもたちが「安心感」をもち、「実感」を伴っていることが欠かせないということです。

前にも述べたように、子どもの多くは、友達の目を過剰に気にしています。「間違えてはいけない」という意識が働くと、緊張したり、萎縮してしまい、自由に、思うままに「表現」することがむずかしくなるのです。

第1章 自己表現ワークシートでこころを育てる
第3節

そのため，
○自己表現したものは，評価（成績）の対象にはしない
○自己表現には「正しい」や「間違えている」ことはない
○友達の作品や表現したことに対して，否定的な見方や声がけをしない

などを，子どもたちに前もって伝えておくことが必要になります。

また，場合によっては，本名ではなくペンネームで書くことや，提出しなくてもいいこと，表現したがらない子どもに対しては無理強いしないことなどが「安心感」や「自分をそのまま表現しても大丈夫」という気持ちにつながります。

そして何よりも，先生ご自身が評価的な姿勢ではなく，楽しみながらいっしょに自己表現することが，子どもたちにとって「安心感」につながるようです。

こうした「安心感」があってこそ，子どもたちは「実感」を伴う体験ができます。安心感をもってこそ，自分の気持ちにゆっくりとふれたり，味わったり，ひたったりできるのです。

そうすることで，自分の気持ちに「ハッ！」と気づいたり，いままで気づかなかった「自分」を新たな感覚で実感していくことができます。子どもにとって「実感」は，子どものこころにまかれた「種」のようなものでしょう。一つの実感が，子どものこころに多くの可能性や変化をもたらすのです。

こうした一連のプロセスが，子どもの「こころを育てる」ことにつながるのです。

参考文献：アン・ワイザー・コーネル，大澤美枝子・日笠摩子訳『やさしいフォーカシング〜自分でできるこころの処方』（コスモス・ライブラリー，1999）

第4節

自己表現ワークシートでのこころの育て方

　この自己表現ワークシートは,「子どもたちが安心して, 楽しく, "自己表現"できる方法」として作ったものです。実は, 私1人ではなく, 子どもたちといっしょに作り出したものもたくさんあります。
「ここに, 絵をかいてよ！」
「自分の人生ゲーム作ってみようかな？」
「こういう質問されるとなんだかワクワクする！」
　そんな子どもの声がもとになっています。そして「自分のことを書くのって楽しいね！」という子どもたちの声とイキイキとした表情を見て, 自己表現の大切さを改めて実感したのです。

自己表現は「遊び」?!

　このようにして1枚1枚作っていった本書の「自己表現ワークシート」は, 子どもたちにとっては「遊び」の一つでもあります。
　自分のことをあらためて表現して「おもしろい！」と笑いながら書いている子ども, 表現したものをだれかに見せたがる子ども, 自分で楽しいルールを加えて表現していく子どもなど, さまざまです。ふと思いついたように「この前やったワークシートの続きをやりたい！」と言い出す子どもや,「先週書いたワークシートは間違えだよ！　もっと書きたかったことを思い出した！」と書き直しをする子どももいます。
　このような様子を見ていると, 子どもたちがこのワークシートを「遊び」と感じているときがいちばんうまくいくようです。「遊び」と感じているからこそ, 間違えることを恐れずに, 安心して, 楽しく, ふだんは言葉にしない自分の気持ちを「表現してみようかな」

第1章 自己表現ワークシートでこころを育てる

第4節

という気持ちになれるのです。表現することを強制されることもなく，評価をされることもない。そのような気楽さが，楽しく，自由に表現する気持ちにつながっていくはずです。

各ステップでのこころの育て方

「安心して，楽しく，表現する」ためには，どのようなことがポイントになるのでしょうか。第3節で述べた，3つのステップに沿って考えていきたいと思います。

Step 1 自分の気持ちにていねいに意識を向ける時間と空間をもつために

このプロセスでは，子どもたちは，①自分の気持ちにていねいに意識を向ける，②感じる，③気づく，ことを体験します。

子どもたちは，まず先生の働きかけ（導入文を読むなど）で，「ぼくはどうかな～？」と自分の気持ちに意識を向け始めます。そして，それによって気持ちやイメージが浮かんできます。それをゆっくり感じることで，言葉やイメージが浮かんでくるのです。

このとき大切なのが「安心感」。安心感がもてないと，自分の気持ちに意識を向けるよりも，「周りの子どもの目」や「こんなことを書いたら怒られちゃうかな」といった気持ちに意識が向いてしまいます。

そのためには，次のことが大切です。

（1）環境づくりをしよう

もしも教室の机が整列していなかったら，それを整えるところから始めましょう。画びょうが1つはずれた掲示物も，こころが落ち着かない要因になる子どももいます。また時間をかけてワークを行う場合は，ヒーリング・ミュージックを使うこともおすすめです。心地いい音楽は，子どもたちのこころに，ゆったりとしたスペースをつくり出してくれます。

（2）先生の声で雰囲気をつくろう

雰囲気づくりで大切なのが「先生の声」。ちょっとご自分の声を演出してみませんか？　いつもより，ゆった〜り，低〜く（ちなみに，ドレミの"レ"の音で話をすると，心地よく相手に伝わるそうです），やさし〜く。

　このような声は，子どもたちを怒ったあとでは，なかなか出しにくいですね。まず先生ご自身が，リラックスしていること。子どもたちの気持ちが落ち着いたのを確認したあとで，ワークシートに入ることが，子どもたちが心地よく導入できるポイントです。

（3）ワークシートの説明をしよう

　子どもたちにワークシートについて説明します。子どもたちに
○このワークシートには「正しい」「間違えている」ということはない
○評価にはまったく関係がない
○友達が書いたものに悪口を言ったり，からかったりしない
ことを伝えます。

　例えば，次のように言うことができるでしょう。
「いまからするワークシートは，"正しい"とか"間違えている"とか"こんなことは書いてはいけない"というようなことは，まったくありません。また，"全部書かなければいけない"というものでもありません。このワークシートを楽しむような気持ちで，自分のこころに浮かんできたことを大切に，自由に，書いてみてください。"事実を書かなければならない"わけでもありません。自由に，好きなように書いてくださいね。それから，友達の書いたものを見て，笑ったり，からかったりしないようにしましょう」

　もしも，授業中に実施するときは，「評価とは関係ないこと」を伝えることが必要です。

　子どもたちの中には，学校でプリントが配られ「これからワークシートをやります！」と言われたら，あたかも算数や漢字の「ドリル」をするのと同じような気持ちになることがあるかもしれません。「最初から最後まで，一つ残らず記入していこう」と仕事をするよ

第1章　自己表現ワークシートでこころを育てる
第4節

うな気持ちで取り組まなくてはと、とらえてしまうかもしれません。

それでは、自分の気持ちにていねいに意識を向けることや、感じることはむずかしくなってしまいます。「全部埋めなくてもいいんだよ」「何かが浮かんできたら書いてみよう」などと、教科のドリルとこのワークシートの違いを、説明の段階で伝えておくことが必要です。

（4）「分かち合い」「回収」の有無を伝える

「記入後グループで分かち合いをします」「今日のワークシートは、分かち合い(シェアリング)をしません」や「終わったら集めます」「これは集めません」などを、始める前に伝えるようにしましょう。

子どもの表現は、「自己主張」であったり「自分との対話」「ストレス発散」「こころの整理」であるなど、子どもによって、そのときどきによって表現のもつ意味はさまざまです。

自己主張やストレス発散をしたい子どもは、分かち合いをする「友達」や、回収する「先生」にむけて表現します。「見てくれるだれか」「読んでくれるだれか」の存在があってこそ、言いたいことを表現できるのです。

また逆に、自分との対話やこころの整理のために表現する子どもは、「だれにも見せたくない」という気持ちをもつでしょう。

前もって「分かち合いをします」と言われることで、自分を守る工夫をして表現できたり、「集めません」と言われることで思いのまま表現するなど、子どもが安心して取り組めることにつながります。

先生に「提出する」「提出しない」を子ども自身に決めさせてもいいでしょう。先生のコメントがほしい場合、そのことを伝えるサイン（例：名前の横に☆印をつけるなど）を決めておくのも一案です。

（5）ゆっくり、語りかけるように導入文を読もう

いよいよワークシートに入ります。先ほど述べたように，ゆったりとした声で，導入文を読みます。

　この導入文は，①シートに掲載されているワークの説明，②子どもたちのこころへの働きかけ（刺激文）の2つの意味を含んでいます。そのため，導入文は，子どもたちがイメージしやすいように，「私はどうかな〜」と問いかけがなされるように「間」をとりながら，読むことが効果的です。

　そして，導入文を読んだあとには「みんなにとって，宝物って何だろう？　書く前に『自分にとっての宝物，大切なものって，いったい何だろう？』と振り返ってみよう」といったように，「自分の気持ちにていねいに意識を向ける時間」を意図的につくることも大切です。

　子どもがイメージしにくい場合には，ワークシート右上の「例」をいっしょに読んだり，「先生にとっての宝物って何だろう？　と自分に聞いてみると……家族の顔とみんなの顔が浮かんできたよ。

＜シート例＞

第1章 自己表現ワークシートでこころを育てる

第4節

それから,子どものころのアルバム」のように,先生ご自身がまず,自分の気持ちに意識を向けている体験を,こころを込めて語る(デモンストレーションをする)といいでしょう。

Step 2 自分を表現するために

ステップ1で,自分の気持ちにていねいに意識を向け,表現したい「何か」が見つかると,子どもたちはそれを実際にワークシートに表現していきます。ステップ2に移るのです。

このプロセスで子どもたちは,①書く,②書いたものを見て,味わいながらそれでいいかを確かめる,という体験をしています。そして,この「ステップ2」は「ステップ1」と,いったりきたりを繰り返すことになります。例えばこんな感じです。

子どもたちの意識が少しずつ,ワークシートのテーマに向かっていきます。「ぼくにとって宝物って何だろう?」と自分に問いかけ,これまでの自分を思い出したり,自分の気持ちをていねいに感じ始めます(ステップ1)。そして,「そうだ! これはたしかに宝物だ!」と感じることができれば,ステップ2の「表現する」プロセスに進みます。

表現したものを見て「そうそう! こんな感じ!」と納得できれば,次に表現したいことを,再び思いめぐらし始めます(ステップ1)。しかし,「これだ!」と思ってワークシートに書いてみたものの「う~ん……これは,宝物ってほどじゃないなぁ~」「もっと何かがあるはずだ……」という気持ちになることもあります。そのときは,また「なんだろうなぁ~?」「ほかにはないかな~?」という自分の気持ちへの問いかけ(ステップ1)にもう一度戻るのです。

内田(1993)は,こうした書く作業のセルフ・モニタリング機能に着目して,書くことは,ぼんやり,表現したかったことに気づくという「発見の過程」であることを述べています。このワークシートで「書く」ことを中心に自己表現をすすめる理由は,まさにこうした,書くことによる「発見」が子どもたちのこころを育てることにつながるからです。

この「発見」の作業が「ステップ2」に含まれています。このプロセスをサポートするためには、次のことが必要になります。

(1) 見守ろう

子どもたちの自己表現のプロセスは「いったりきたり」の作業。これは、安心して「ひとり」になることが大切な作業です。

そのために必要なのが、静かに見守ること。集中できる子どもは、教師からの声がけがあってもあまりとらわれずに続けていくことができます。

しかし、「先生の話は聞かなければならない」と感じている子どもや、まだ集中しきれていない子どもは、先生が途中で声をかけることで、自分の内側で行っている作業を中断しかねません。ですから、そっと見守り「ひとりの時間」を確保してあげることが大切なのです。

(2) 先生も自己表現してみよう

子どもたちが表現をするときに、大切なのは「安全で、自由な雰囲気」が教室にあること。先生ご自身が、楽しみながら、子どもたちと同じワークシートに取り組むことによって、子どもたちは、そうした雰囲気を感じるでしょう。先生はあたたかく見守っているつもりでも、子どもたちの目には評価的な姿勢で眺めているように映っていることもあります。先生もごいっしょに取り組むことで、それを防ぐことができます。

(3) 終わり時間に近づいたら呼びかけよう

子どもたちの自己表現がだいたい終わったかな、というころ（終わり時間まであと2分くらい、というころ）に、子どもたちに「もう一度、自分の書いたものを見てみよう。自分の思いが表現できたかな？　と確認してみよう」と呼びかけます。

子どもたちは、書いている最中は集中しています。だいたい書けたころに、このように声をかけてもらうことで、書いたものを少し

第1章 自己表現ワークシートでこころを育てる
第4節

離れたところから見たり，全体を見渡すことができます。自分の書いたものをあらためて見ることで「私ってこうなんだなぁ～」と感じたり，「そう！ そうなんだよ！」と実感できたりするのです。

Step3 自分や友達が表現したものを分かち合うために

ステップ3で子どもたちは，①自分の表現したものや気持ちを友達に話すこと，②友達の話を聴くこと，③感想を伝えること，を体験します。ここで大切なのは，どの子どもも，安心して，平等に，これらの体験ができるということです。そのために，次のことが大切になります。

（1）ルールを伝えよう

分かち合いの時間の最初に「友達の書いたものや，話したことについて，笑ったり悪口を言ったり，からかったりするのはやめましょう」と呼びかけます。ワークシートについて説明したときにも，同じことを伝えていますが，もう一度伝えましょう。

からかうなどの言葉かけによって傷つく子どもが出るのを防ぐことがとても大切です。また，先生の言葉かけによって「からかわれない」と思うことで，周りの目を気にする子どもが安心して分かち合いに参加することができます。

（2）時間を区切ろう

例えば，4人で分かち合いをするとき「これから4分間，時間をとりますから，グループで分かち合いを始めてください」と子どもたちに任せてしまうのは避けましょう。「1人1分」と，1人のもち時間ごとに区切りを入れましょう。

グループで話をする子どもの順番が決まったら「最初に話をする人は手をあげてください」と呼びかけます。そして「はい，始めてください」とスタートを告げ，「は～い，そこまでです」と終わりを告げます。チャリーンと素敵な音色のベルで終わりを伝えると，落ち着いた雰囲気が出て，さらにいいでしょう。そして「2番目に

話をする人は手をあげてください」と続けていくのです。そして全員が話し終えたら「今度は，最初に話した人にみんなからメッセージを送りましょう。感じたことや，発見したことなどを伝えていきましょう」と呼びかけ，同じように1人ずつ，時間を区切って進行します。

このように時間を区切ることで，どの子どもも平等に「話をする時間」「友達からメッセージをもらう時間」をもつことができます。子どもたち全員の「自分の時間」を確保することが大切です。

（3）ワークシートを大切に扱おう

ワークシートは，子どもたちがそのまま持ち帰るものと，教師が集めるものの両方があります。子どもたちの気持ちが詰まった大切なワークシートを集め終わるまで，またはカバンにしまい終わるまでが大切なプロセスの一部です。

子どもたちが表現したものは，たとえ1枚の紙であっても大切に扱いたいものです。

具体的には，例えば，集めたワークシートを子どもたちの目の前できれいな箱やファイル，袋などに入れる方法があります。また，「自分への手紙」であれば「大切な自分への手紙なので，封筒に入れて持ち帰りましょう」と封筒を準備して，子どもたちに呼びかけるのもいいでしょう。

こうした「表現したものは大切」という先生の姿勢が，子どもたちが「自分を表現したもの」を大切にする気持ちを育てます。

また，ワークシートを大切に扱うことは，先生が子どもたちに向けて発した「表現してくれてありがとう」というメッセージにもなります。こうした先生のメッセージは，子ども自身が自分の気持ちを大切に扱う姿勢を育てていくことにもつながります。

「表現したものを大切にしましょう」「自分の感情は大切だね」と言葉で言うよりも，先生の「ワークシートを大切に扱おうとする行動」が，子どもたちに伝わるのです。

第1章　自己表現ワークシートでこころを育てる

第4節

🌱 表現されたものはそのまま受け止めよう

1枚1枚のワークシートからは、それを書いた子どもの「こころの様子」が伝わってきます。

とくに否定的な気持ちが表現されているときには、それに意味をもたせたり、子どもに説明を求めたくなることがあるかもしれません。しかし、ワークシートから子どものこころを解釈したり、「この子は、親子関係に問題があるのでは」などと分析的に見ることは危険です。

なぜなら、ワークシートに表現されたものは、その子どもの一部分にすぎないからです。たくさんある感情の中で、言葉や絵で「かたち」を与えることができた一部分にすぎません。そのため、子どもが表現したものは「そのまま」受け止めることが大切です。それは、子どもと先生の「安心して表現できる関係」を育てていくことにもつながるのです。

🌱 子どもの表現が気になったとき

「そのまま受け止めよう」と言われても「やっぱり気になる！」「フォローが必要！」という場合があるかもしれません。その場合は、子どもがワークシートに取り組んでいるときではなく、時間と場所をあらためて、声をかけるのがいいでしょう。

その際に、気をつけることは「説明を求めない」ことです。先ほども述べたように、表現されたものは子どもの気持ちの一部分です。子どもは先生に説明を求められれば、自分の表現したものに無理に意味づけをしたり、説明をしなければならなくなります。

そのため、声をかけるときには、できるだけワークシートのことをもち出さず「最近、元気がないような気がして心配していたよ」「気になっていたよ」というメッセージを送りたいものです。

🌱 「殺したい」などの表現がなされているとき

とはいうものの、たとえば「殺したい」「ナイフで刺してやりたい」などの言葉がワークシートの中に表現されていたら、大切な子

どもたちを預かっている教師としては，手をこまねいているわけにはいきません。大切ないのちが傷つけられることは，なんとしても防がなくてはならないからです。

しかし，子どもが「注意された」と受け取ってしまうような言葉がけをしては，子どもはかえってこころを閉ざしてしまいます。先生に声をかけてもらったことで，子どもが安心したり，ワークシートでは表現できなかった気持ちを先生に話すことができるような仕方で声をかけることが大切です。スクールカウンセラーがいれば，その方と先生が相談したり，子どもといっしょに来室することも必要でしょう。

例えば「殺したい」などの表現に対しては，「殺したいほど憎いんだね。君はとても苦しいんだね」「いっそ殺してしまいたいほど，君の気持ちは追い詰められていたんだね。君は困っているんだね」などと声をかけ，子どもが自分の気持ちをもう一度，見つめられるようにかかわることが大切です。

「分かち合い」をしないワークシートについて

「自分への手紙」など，子どもたちの内面を表現するワークシートは，子どもたちが安心して自分の内面を表現できるように「分かち合い」を行わないほうがいいと考えられます。

その場合は，たとえば1週間後に，もう一度自分の書いたワークシートを自分で読み，それを味わい直す時間をとったあとで，簡単な感想を「ふりかえりシート」を利用して書く機会を設けると効果的です。時間をおくことで，客観的に自分の表現を見直すことができたり，表現しきれなかった感情が明確になったりします。

参考文献：内田伸子「読み，書き，話す過程で生じるモニタリング」『現代のエスプリ314』（至文堂，65-78p，1993）

第1章　自己表現ワークシートでこころを育てる

第5節

自己表現ワークシートの使い方

　本書に収められている26枚の「自己表現ワークシート」は，「自分を見つめる」「自分のこころの整理」「つながりの中の自分を実感する」「自分との対話」「新たな自分との出会い」に分類されています。

　それぞれのワークシートの分類や順番は，その「ねらい」によって分類したものです。順番に使っていただくというものではありません。子どもたちの人間関係の様子やクラスの状況，そして子どもたちの興味に応じて，どのワークシートからでも使っていただきたいと考えています。

　それでは「いつ」使うのがいいのでしょうか？

　「いつでも！」というのがその答えです。その「いつでも」の中のいくつかをご紹介したいと思います。

（1）朝自習の時間に

　一日のスタートである朝自習。まだしっかり目が覚めていない子どももいれば，朝から落ち着かないでいる子どももいるでしょう。朝自習の時間は，授業が始まる前のそんな時間だからこそ，自由に，気楽に「自分を見つめる時間」になるでしょう。朝読書を行っている学校の場合，週に1回だけ，その時間をこのシートに取り組む時間にしてみるのもおすすめです。

　導入文を自分で読むだけですすめられるワークシートを選んで配付し，子どもたちそれぞれが進めるのがいいでしょう。分かち合いはしなくてかまいませんし，実施する場合は，朝自習のあとやホームルームの時間に実施することも可能です。

（2）ホームルームの時間に

　先生と子どもたちがいっしょに過ごせるのがホームルーム。導入文やワークシートの進行に先生の説明や呼びかけが必要なワークシートは，この時間に実施するといいでしょう。

　また，ホームルームは一日の終わりですから，子どもたちの「こころの整理」や「振り返り」をするのにいい時間帯です。今日あったいろいろなこと，気にかかっていること，うれしかったこと，悲しかったことなどを表現することで，子どもたちは少し気持ちをラクにして家に帰れるかもしれません。またシェアリングをすることで，楽しい気持ちになったり，放課後に子どもたち同士が話をするきっかけになるかもしれません。

（3）授業で〜補助教材として〜

　道徳，社会，国語の時間などで，例えば「平和」や「いのちの尊さ」「家族」「国語表現」について勉強をしたとき，補助教材として使う方法があります。授業の中で，子どもたちはたくさんのことを知り，考え，感じているはずです。そうした土壌があってこそ「私はどうだろう？」という問いが，こころを育て，大切な何かを実感する機会となります。ワークシート「相手も自分も大切にした言葉で伝えよう」「いのちのつながり」「幸せへの願い」などがその代表的なものです。

（4）子どもたちが自主的に

　実施するのは「全員一斉」でなくてもかまいません。

　子どもたちが「必要だ」と感じるときに，「自分のことを考えてみたい」と思うときに，このシートを使えるようにしておくといいでしょう。

　例えば学校や教室のどこかに，何枚かのワークシートを自由に取れるように置いておく，という方法があります。また，あらかじめ「自分の気持ちを整理するアイテム」として子どもたちに説明し，配付しておくこともできます。

第1章　自己表現ワークシートでこころを育てる

第5節

　帰宅後，家庭で勉強をするでもなく，ぼ〜っと自分のことを考える。そんな時間を思春期の子どもたちは過ごすもの。そのようなときに，子どもたちがワークシートで思いをめぐらし，表現してみるのもいいでしょう。

（5）保健室・別室登校の子どもたちに

　保健室や別室で過ごす子どもたちのなかには，「勉強はしたくないけれど，することが何もなくて結構つらい」と思っている子どもがいます。

　ある別室登校の子どもは「（別室で）いっしょに過ごしている○○さんと話すのも結構疲れるんだよね……。だから，何かすることがあると助かる！　1日中，ずっと数学のプリントしているのも疲れるから，10時ごろになったら，ワークシートを持って部屋に来てよ」と言いました。

　いっしょに過ごす友達とずっと話をするのも，また一日中教科のプリントをしているのも疲れる！　どうやら，まったりと過ごすために，このワークシートが必要だったようです。

　ワークシートがあることで，エネルギーの少ない子どもたちが，周りに遠慮せず「自分に向かえる」時間をもてるのかもしれません。

（6）親子面接で

　不登校の親子など，とくに「親は子どもの気持ちがわからずにいるのだなぁ」と感じるときや，「この子は親にベッタリだなぁ。親も一人の人間であると子どもが感じてくれると，子どももお母さんも気持ちがラクになるだろうなぁ」という場合などに役立ちます。

　親子でも，いいえ親子だからこそ，お互いがわからないことが多いものです。とくに思春期の子どもは，自分の気持ちを親にはなかなか話せずにいます。また親も，ちょっと前までの「幼いわが子」としてしか子どもを見ることができません。大人になろうとしている子どものこころを察するのはむずかしいものです。何を思い，何を嫌がり，どんな気持ちで生活をしているのか，知る機会があまり

ないからでしょう。

そこで，ワークシートを利用します。「スキスキ・ランド」「どんなとき?!」「ニコニコさんとチクチクさん」「つながり地図」「こころのお天気」などが親子に役立つ代表的なものです。

学校カウンセリングの親子いっしょの面接で実施してもいいですし，家族分コピーをして，家族全員で実施してもらう方法もあります。

ある家族は，夕食のあと，家族全員で，ワークシート「どんなとき?!」を書き，お互いに「当てっこ」をしたそうです。親も子どもも「思いがけない答え」にビックリだったとか。お母さんは「実は夫婦間でも，お互いが書いていることが当たらなくて……。なんだか，これが原因なのかしら，と考えさせられました」と話していました。

（7）問題を抱えた子どもの指導

非行傾向にある子ども，キレる子ども，休みぐせのある子ども，いつも不安で個別のかかわりを先生に求めてくる子ども。そうした何かしらの問題を抱えた子ども。そうした子どもと放課後などに話をする際，活用するのもいいでしょう。

このような子どもは「どうせ私は」「先生は僕を怒るのではないか」「自分のことをわかってほしい」という気持ちをこころのどこかにもっています。そのため，このワークシートを「先生と子どもの関係づくり」のために役立てていただきたいのです。

実施するときは，ぜひ先生もいっしょにワークシートに取り組んでください。ちょっと弱音を吐いたり，失敗談を書いたり，学校以外でのことを書いたりして，先生が自分を表現すること（自己開示）で，子どももまた，安心して自分の気持ちを先生に伝えられると思います。

（8）相談室（カウンセリング・ルーム）で

カウンセリング・ルームでの使い方は大きく二つあります。一つは，いくつかのワークシートを印刷し，部屋のどこかに置いておき，

第1章　自己表現ワークシートでこころを育てる
第5節

自由来室した子どもたちが自由に使えるようにする方法です。

カウンセリング・ルームを利用する子どもだけではなく、ワークシートをもらうために来室する子どももいます。このような子どもたちは、一人で過ごす休み時間や、夜に「人には言えない自分」を書きたくてもらいに来るようです。

また、「ただワークシートをもらいに来ただけだよ」と言って入室し、「実はね」と話し始める子どももいます。「ワークシートをもらいに行ってくる、と友達に言い訳してきたから、そういうことにしておいてね！」と話す子どももいます。カウンセリング・ルームは、子どもによっては敷居の高い場所ですから、来室の「きっかけ」や「理由」が必要なのでしょう。

二つ目は、面接の中で使う方法です。自分の感情や抱えている問題が意識できていない子ども、「どう話したらいいかわからない」「言葉にできないけど、苦しい」など気持ちがグチャグチャしている子ども、話をするのが苦手な子ども、個別のかかわりを求めてくる子ども、などとカウンセリングを行う場合にワークシートを利用し、それをきっかけに面接を深めることができます。

カウンセリング・ルームの中にワークシートを置いておくと、子どもによっては「いまの気持ちはうまく言葉にできないけれど、このワークシートと関係があるよ」などと言い、自らワークシートを使って説明し始める場合もあります。

しかし、注意も必要です。カウンセリング・ルーム、とくに小学校や中学校のカウンセリング・ルームは、自由来室した子どもによって「相談をする場所」であるだけでなく、「ひと休みする場所」「安心して好きなことをする場所」「"教室での自分"を知らない人に、"なりたい自分"を見せる場所」など、さまざまな意味をもつ場所だからです。

自由来室時間に、「カウンセリング・ルームでの時間をどのように過ごすか」は子どもたちが決めること。ですから、誘導はせず、子どもの意思がおのずとワークシートに向いたときに活用することが望ましいでしょう。

(9) ご家庭で

「子どものこころを育てる場」は，学校だけではありません。

ご家庭で実施する場合は，家族でゲーム感覚で実施してみてください。第1章や第2章で述べている説明のなかの「先生」を「お母さん」や「お父さん」におきかえて，進めてみてください。

子どもは「先生の評価」以上に「親の評価」に敏感です。自分をどんな目で見ているのか，どんな期待をかけているのかを鋭い感性でとらえています。

また，これまでは「ぼくのお父さん」「お母さん」という目で見てきた親を，「人間として」「男として」「女として」という，ちょっと冷めた目で見始めるのが思春期です。このような時期だからこそ，「父として」「母として」子どもに言葉をかけるばかりでなく，人間としての「自分」を子どもに見せていくことが大切です。ぜひ，ごいっしょに実施してみてください！

また，子どもが一人で自由に好きなときに利用できるように，ワークシートのすべてを渡しておくのもいいでしょう。

その場合は「あとで見せてね」などは言ってはダメ。「おもしろいものがあったら，お母さんにもやらせてね！」などと伝えたほうがいいでしょう。

(10) 校内研修会で

①ワークシート理解のために，②先生ご自身の自己理解のために，③忙しい先生方のこころの整理やストレスマネジメントのために，④先生同士のコミュニケーションを深めるために，校内研修会でも，先生方お一人ずつにでも，お使いいただきたいものです。

学校の先生方は，ほんとうに忙しい！　次から次へと仕事があり，思いがけない「何か」が予告もなく飛び込んできます。「ここまですれば終わり」という限度がありません。そのうえ管理職や保護者からの要求は途絶えない。これでは，「自分を振り返る時間」「こころを整理する時間」「置き去りになっている気持ちを大切にする時間」はなかなかもてないのではないでしょうか。

第1章 自己表現ワークシートでこころを育てる
第5節

　実は，こうした毎日の積み重ねが，教師が抱えるこころの不調，つまりストレスや不全感，慢性的な疲労，不眠，無気力などにつながることが多いのです。

　また，学校によっては「教師同士のコミュニケーション」がほとんどもてないまま，チームワークを必要とされることもあるでしょう。「ほかの先生に相談したいのだけれど，だれも弱音を吐いていないから，なかなかそれができなくて……」。そんな訴えも聞きます。

　こうした悩みをもつ先生も，そうでない先生も，ぜひ，ワークシートをきっかけに，自分のための時間をもってみてください。お互いに理解し合い，コミュニケーションを深めるチャンスにもなるはずです。このワークシートをきっかけに先生方で「気にかかること」や「最近の自分」などを表現し合う機会をもっていただき，「弱音を吐ける職員室」「助け合える人間関係」を築くことができれば，これ以上うれしいことはありません。

第2章

ワークシートの使い方

- 自分を見つめる
- 自分のこころの整理
- つながりの中の自分を実感する
- 自分との対話
- 新たな自分との出会い
- 補助シート
- ふりかえりシート

第2章　ワークシートの使い方

No.01

スキスキ・ランド

諸富祥彦の「このシート,ここがオススメ！」

このワークは4月の新学期の開始時におすすめです。自分の好きなものをどんどん書いていくことで，自分のプロフィールができ上がっていきます。これをもとにシェアリングを行うだけで，人間関係づくりの格好のワークになるでしょう。好きなことに限定することで，子どもたちの傷つきを防ぐことができます。

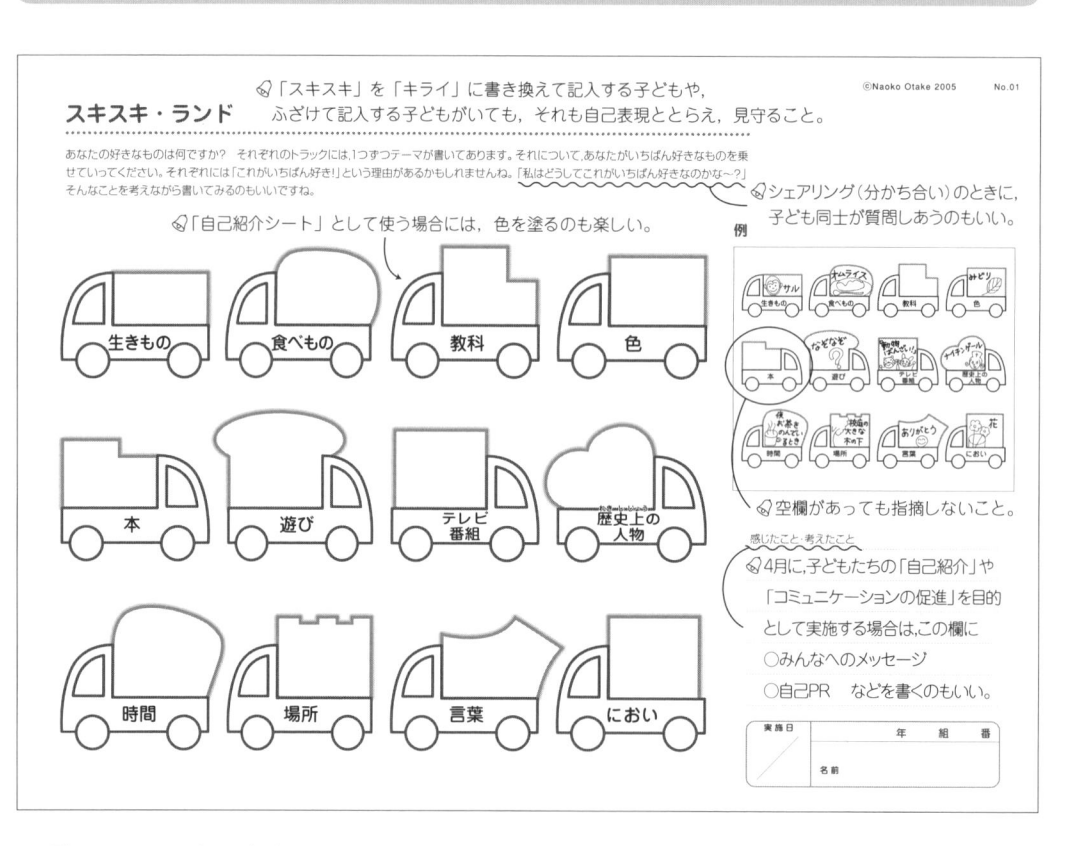

スキスキ・ランド

「スキスキ」を「キライ」に書き換えて記入する子どもや，ふざけて記入する子どもがいても，それも自己表現ととらえ，見守ること。

あなたの好きなものは何ですか？ それぞれのトラックには，1つずつテーマが書いてあります。それについて，あなたがいちばん好きなものを乗せていってください。それぞれには「これがいちばん好き！」という理由があるかもしれませんね。「私はどうしてこれがいちばん好きなのかな～？」そんなことを考えながら書いてみるのもいいですね。

「自己紹介シート」として使う場合には，色を塗るのも楽しい。

シェアリング（分かち合い）のときに，子ども同士が質問しあうのもいい。

トラックのテーマ：生きもの／食べもの／教科／色／本／遊び／テレビ番組／歴史上の人物／時間／場所／言葉／におい

空欄があっても指摘しないこと。

4月に，子どもたちの「自己紹介」や「コミュニケーションの促進」を目的として実施する場合は，この欄に
○みんなへのメッセージ
○自己PR　などを書くのもいい。

実施日／年　組　番／名前

　「好きなもの」の存在は，自分を元気に，幸せな気分にしてくれるものです。また，友達に自分の「好きなもの」を伝えることで，自分をアピールしたり，共通の趣味や話題を見出すきっかけになります。ねらいは，①自分の「好きなもの」を自覚すること，②他者との共通点や相違点を見つけること，です。このようなことの積み重ねは，自己理解につながり，他者とつながっていくための第一歩となります。

ワークシートの出典……『人間関係のなかの自己分析』（小島茂著，東京図書），29－30ページを参考にした。

▶進め方

導入 子どもたちの気持ちが落ち着いているのを確認後，導入文を読む。例のように絵をかき込んだり，色を塗ることをすすめてもいい。記入後，シェアリングをするときや教室に掲示するときには，その旨を伝える。

展開 子どもたちが安心し集中して書けるように，静かに見守る。終わり近くになったら「もう一度，自分のかいたものを見てみよう。『自分の好きなものはこんな感じかな？』と確認してみよう」と呼びかける。

まとめ シェアリングをする場合，「友達の書いたものを悪く言ったり，からかったりしないこと」を伝える。シェアリング後，感想を書く。掲示をする場合は，感想の欄に「みんなへのメッセージ」などを書いてもらい，集める。

▶実践エピソード

クラス替えをして，小学校新5年生になった直後に，「自己紹介」の目的で実施しました。子どもたちは，自分をアピールしようと色を塗り，「みんなへのメッセージ」を書きました。記入後，全員のシートを掲示したところ，積極的に友達づくりをするようになった，という報告があります。自分からは声がかけにくい，内向的な子どもたちが，ワークシートを通して自分をアピールできたことで，友人関係をスムーズに築ける助けになったようです。先生のワークシートも，子どもたちに好評だったとのことです。

そのワークシートを年度の終わり，3月に返却したところ「え〜！ いまと違う！ 私って，こうだったんだ！」と言う子どもがいたそうです。「変化し続けている自分」に気づいた瞬間だったのかもしれません。

▶「こんな書き込み」「こんな様子」への対応

「なし」と書く，記入しない 「『なし』と書く」のも，ひとつの表現である場合があります。その場合も，「記入しない」場合も，無理強いはせずに，そのまま見守りましょう。

▶いろいろな使い方のアイデア

春に実施したあと，子どもの人間関係が固定化してくる秋に，再び使用する場合は，トラックに書いてある「生きもの」などの文字を消して印刷し，「みんなのどんな『スキスキ』が知りたい？」と子どもたちに問いかけると，新たな気持ちで取り組めます。

☞ **こんなときにピッタリ！** 新学期，新入学時，クラス編成替えの後に。「自己表現ワークシート」実践の初回に。保健室・別室登校の子どもに。不登校の子どもに。カウンセリング・ルームで。ご家庭で。

第2章　ワークシートの使い方

どんなとき?!

No.02

諸富祥彦の「このシート,ここがオススメ！」

人はふだん，自分の感情の動きをそれほど意識できないものです。どんなときに自分がうれしくなるのか，ムカつくのか，さみしくなってしまうのか。このような自己観察の姿勢を育むことが，セルフコントロールやストレスマネジメントにもつながっていきます。一度だけで終わらせず，何度か行ってみたい実践です。

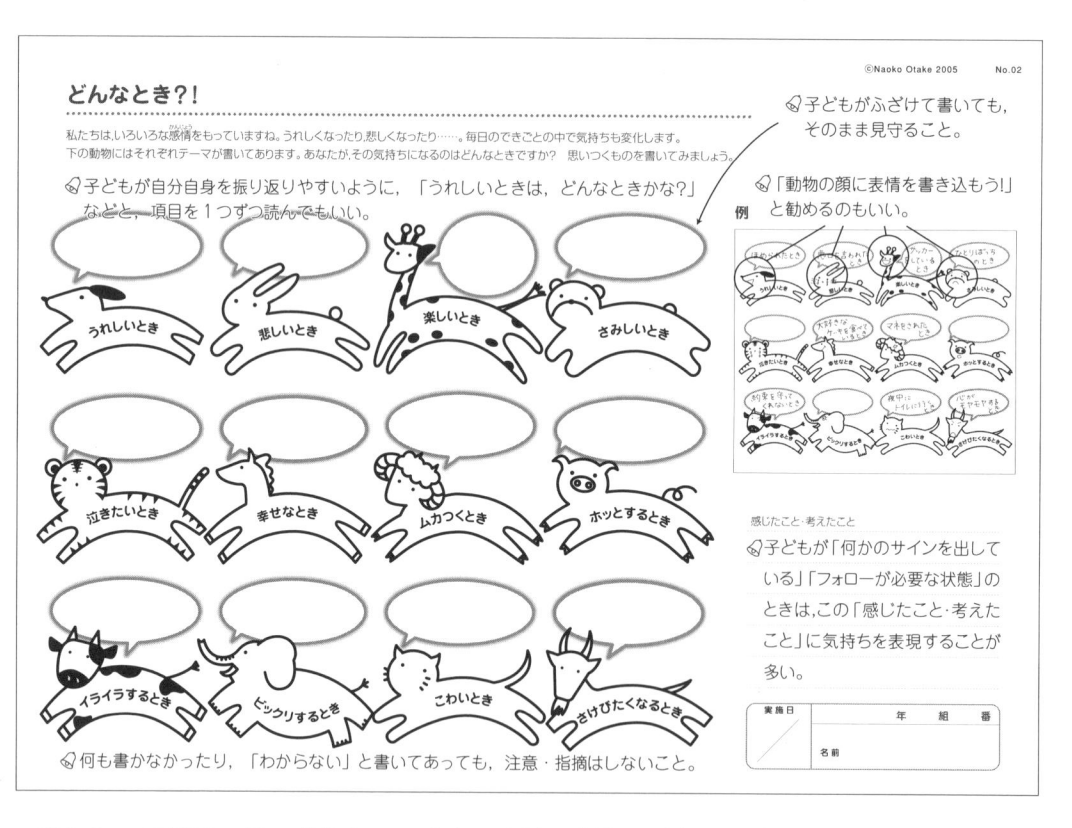

私たちの感情は，日々変化しています。友達の顔色や感情の変化を意識する子どもは多いですが，自分の感情は「わからない」と言います。あらためて「どんなとき?!」と問われることで，①自分の感情を振り返り，②どのようなときに，どのような感情になるのかを自覚すること。そうすることで，生活に気持ちが安定する時間を積極的に取り入れるなどの，③自分への働きかけ（工夫）ができるようになること，がねらいです。

▶ 進め方

導入 子どもたちの気持ちが落ち着いているのを確認後，導入文を読む。動物の顔に表情を描くことをすすめてもいい。記入後シェアリングをするときは，その旨を伝える。

展開 子どもたちが安心・集中して書けるように，静かに見守る。終わり近くになったら「もう一度，自分の書いたものを見てみよう。『書きたいように書けたかな?』と確認してみよう」と呼びかける。

まとめ シェアリングをする場合……「友達の書いたものを悪く言ったり，からかったりしないこと」を伝える。シェアリング後，感想を書く。
シェアリングをしない場合……感想を書く。

▶ 実践エピソード

「僕はよくテレビのマネをして『はぁ〜?』と友達に言うけれど，グループのある人が『悲しいとき→はぁ？　と言われたとき』と書いていた。そう言われて悲しいと思う人がいるなんて，びっくりした」と感想にありました。

不登校のヨシコ（仮名）は部屋にとじこもり，家族と口をききません。親子で面接に来た際，このワークシートを実施しました。「泣きたいとき→みんなが学校へ行っているとき」「悲しいとき→明日のお弁当のおかず，何がいい？　とお母さんに聞かれるとき」「ホッとするとき→夜中」とヨシコ。「うれしいとき→ヨシコが楽しそうにテレビを見ているとき」と母親。その後，ヨシコは母親と会話をするようになりました。

非行・不登校傾向のあるタケシ（仮名）は「うれしいとき→給食」と書きました。先生方は「タケシと楽しく給食を食べること」を目的にかかわったところ，毎日職員室登校を始め，数学のプリントをするようになりました。

▶「こんな書き込み」「こんな様子」への対応

書き込みが少ない場合 自分の気持ちがわからないため，記入できない子どももいます。その場合は「いつか見つかったときに，埋めたらいいんだよ」という気持ちで，空欄のままを認めます。ある子どもは「私の気持ちには『うれしい』と『ムカつく』しかない」と言い，実施時には書けませんでしたが，それをきっかけに，自分の気持ちに意識を向けるようになりました。やがて，「悲しい」「さみしい」「泣きたい」と「ムカつく」の気持ちの違いがわかるようになり，「ムカつく！」と連発しなくなりました。

こんなときにピッタリ！ 朝自習の時間に。ホームルームで。不登校の子どもと親との面接で。自分のことをあまり話さない子どもとご家族で。保健室・別室登校の子どもに。カウンセリング・ルームで。

※「今週のどんなとき?!」「今月のどんなとき?!」など一定期間について振り返る方法もある。

第2章 ワークシートの使い方

No.03

私の宝もの

> 🌱 **諸富祥彦の「このシート,ここがオススメ!」**
>
> 人生の豊かさは,こころの中にどれだけの「宝もの」(大切なもの)があるかによって決まると思います。私の宝ものは「家族」「博士論文」「講演などで出会った方とのつながり」です。これらを思い浮かべるだけで,自分の人生もまんざらではないと思えてきます。まずは,先生方にやってみてほしいワークです。

自分にとっての「宝もの」は,元気や幸せや自信を与えてくれます。「私なんて……」「ダメな僕」と思いがちな,自己肯定感の低い子どもたちは,自分の「宝もの」を意識化することで,「自分」という存在のとらえ方が変化します。目に見えるものも,見えないものも含めて,①「自分にとって宝ものは何だろう?」と思いめぐらし,それを②意識化することで,③宝ものをもっている自分を大切にするようになること,がねらいです。

▶進め方

導入 子どもたちの気持ちが落ち着いているのを確認後，導入文を読む。「例」を見て，「宝もの」とは，人，出来事，思い出，場所など，どのようなものでもいいことを伝える。シェアリングをするときには，その旨を伝える。

展開 子どもたちが安心・集中して書けるように，静かに見守る。終わり近くになったら「もう一度，自分の書いたものを見てみよう。『自分にとっての宝ものはこんな感じかな？』と確認してみよう」と呼びかける。

まとめ シェアリングをする場合……「友達の書いたものを悪く言ったり，からかったりしないこと」を伝える。シェアリング後，感想を書く。
シェアリングをしない場合……感想を書く。

▶実践エピソード

不登校傾向のある中学1年生のサトシ（仮名）は，宝ものの1つに「小学校のとき，ヒロシくんと遊んだこと」と書きました。ヒロシくんは小学校時代の友達で，学区が違うため，現在別の中学校へ行っています。次の週，サトシはニコニコした顔で，「先週，僕，ヒロシくんのこと書いたでしょ？　あのあと，ヒロシくんに電話をして，いっしょに遊んだんだよ。久しぶりに楽しかった！」と話してくれました。それをきっかけに，サトシは少しずつ自信を取り戻し，学内でも，徐々にほかの子どもたちと話せるようになりました。

▶「こんな書き込み」「こんな様子」への対応

書くのをやめようとしない，書き足りない子どもがいる場合 一心不乱にワークシートに取り組み，書きやめない子どもや「もっと書きたい！」と言う子どもがときおりいます。その場合，「もう，そこまでにしよう」と言うよりも，ワークシートの空白部分に「そのほかの宝もの」という名前の箱を描き，そこにまだ書き終わっていない「宝もの」を入れておくように提案するといいでしょう。

記入が少ない場合 「何かあるでしょう？」「よく考えてみなさい」などの声かけはせず，見守りましょう。まとめの言葉として「これから生活していくなかで，今日は書かなかった宝ものに気づくことがあるかもしれませんね。そのときは，このシートに書き足すのもいいですね」などと伝えることも一案です。

こんなときにピッタリ！ 朝自習の時間に。ホームルームの時間に。不登校の子どもに。保健室・別室登校の子どもに。カウンセリング・ルームで。ご家庭で。

第2章　ワークシートの使い方

No.04

自分辞書

諸富祥彦の「このシート,ここがオススメ！」

このシートは,ふだん自分が何気なくわかったつもりになっている言葉について,振り返り,考え直してみることが目的です。学校,友だち,勉強,幸せについてあらためて振り返ることで,自分自身のこころと対話し,漠然としていた自分の考えをより明確に意識化していくことができます。「自己の明確化」がポイントです。

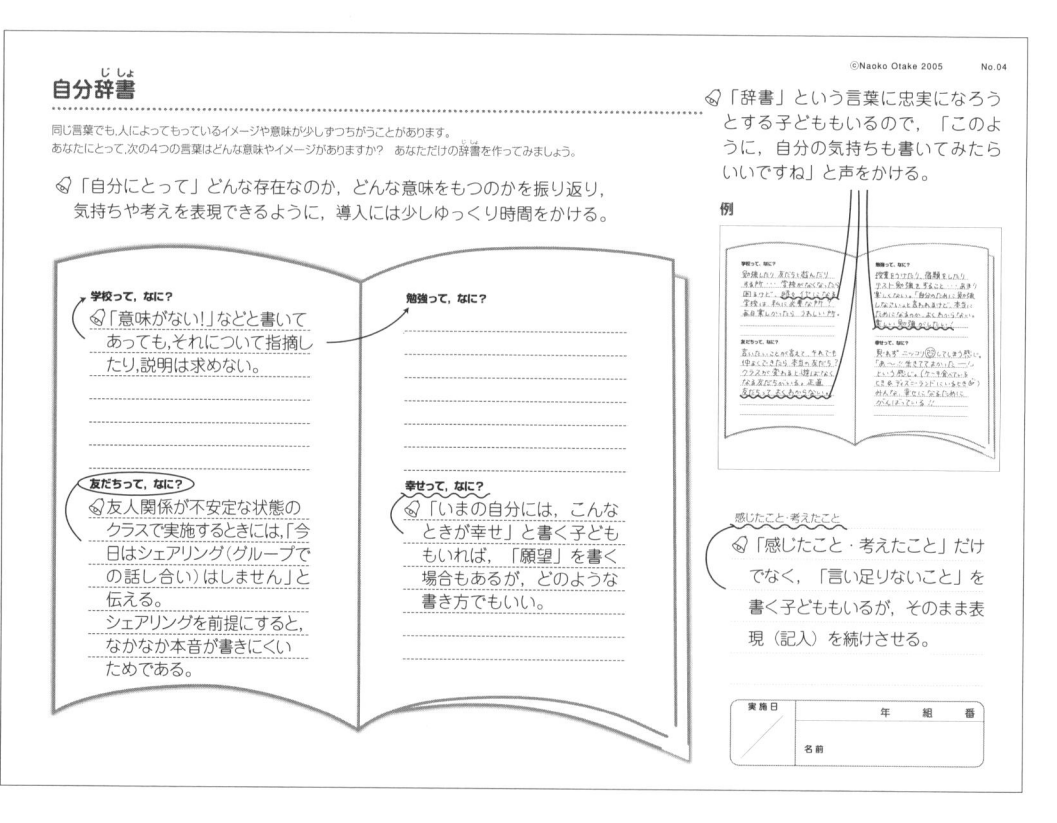

自分辞書（じしょ）

同じ言葉でも,人によってもっているイメージや意味が少しずつちがうことがあります。
あなたにとって,次の4つの言葉はどんな意味やイメージがありますか？　あなただけの辞書を作ってみましょう。

- 「自分にとって」どんな存在なのか,どんな意味をもつのかを振り返り,気持ちや考えを表現できるように,導入には少しゆっくり時間をかける。

学校って,なに？
- 「意味がない！」などと書いてあっても,それについて指摘したり,説明は求めない。

友だちって,なに？
- 友人関係が不安定な状態のクラスで実施するときには,「今日はシェアリング(グループでの話し合い)はしません」と伝える。
シェアリングを前提にすると,なかなか本音が書きにくいためである。

勉強って,なに？

幸せって,なに？
- 「いまの自分には,こんなときが幸せ」と書く子どももいれば,「願望」を書く場合もあるが,どのような書き方でもいい。

- 「辞書」という言葉に忠実になろうとする子どももいるので,「このように,自分の気持ちも書いてみたらいいですね」と声をかける。

例

感じたこと・考えたこと
- 「感じたこと・考えたこと」だけでなく,「言い足りないこと」を書く子どももいるが,そのまま表現(記入)を続けさせる。

実施日　　　年　組　番　名前

ワークシートの4つの言葉「学校・友だち・勉強・幸せ」は,子どもたちの生活の中心です。これらに対してもつイメージや意味は,個々の子どもによって微妙に異なりますが,その微妙さが,日常に表れない,子どもたちの「こころの声」であることが多いのです。

①身近な言葉を「自分にとって,どんな意味があるのか」振り返り,②日ごろ漠然と感じていることを表現し,③表現することで,自己の明確化を図ること,がねらいです。

▶ 進め方

導入 子どもたちの気持ちが落ち着いているのを確認後,導入文を読む。「自分にとって,どんな意味やイメージがあるかな? 実際に記入する前に,自分の気持ちを確認してみよう」「正しい意味を書く必要はありません。自分にとって,どんな意味があるのか,自由に書いてみましょう」と呼びかける。「『学校って,なに?』に続けて,詩を書くのもいいかもしれませんね」と提案するのもいい。

展開 子どもたちが安心・集中して書けるように,静かに見守る。終わり近くになったら「もう一度,自分の書いたものを見てみよう。『自分の気持ちはこんな感じかな?』と確認してみよう」と呼びかける。

まとめ 感想を書く。

＊留意点……個人的な思いが表れやすいワークシートなので,教室で一斉に実施し,シェアリングをするのはむずかしいと思われます。いっぽう,別室登校や保健室などで数人の子どもに実施し,シェアリングするのが効果的な場合もあります。その際には,内容について詮索するなど,シェアリングによって傷つく子どもの出ないように配慮することが大切です。

▶ 実践エピソード

「勉強ってなんだろう? 勉強とは,テストでいい点数をとるためにがんばること。いい点数? それでいいの? そんなの悲しすぎる。もっと自分のためになる勉強がしたい。でもそんなの言い訳だよ。こんな自分がキライなんだよ。勉強したいのに,点数のためにがんばるのがキライ。勉強ってこんな気持ちにさせられるもの」。

このように「なんとなく感じていたけれど,言葉にしてこなかった自分の気持ち」がシートに書かれることが,よくあります。日常の「なんとなく・あいまいな感情」を自分の言葉で表現することで,気持ちも安定することが,「イライラの理由がわかった」「スッキリした」などの感想からわかります。

▶「こんな書き込み」「こんな様子」への対応

否定的なことが書かれている場合 「否定的な感情を表現する機会があったこと」を肯定的に受け止め,気をつけて様子を見るのがいいでしょう。声をかける場合は「つらい気持ちを感じながらも,がんばって学校へ来てくれていたんだね」など,子どもの緊張をとき,安心して話し始めるきっかけになるような言葉を心がけたいものです。

こんなときにピッタリ! 朝自習の時間に。ホームルームで。保健室・別室登校の子どもに。カウンセリング・ルームで。ご家庭で。

第2章　ワークシートの使い方

No.05

自分の人生ゲーム

自分を見つめる／自分のこころの整理／つながりの中の自分を実感する／自分との対話／新たな自分との出会い／補助シート／ふりかえりシート

諸富祥彦の「このシート,ここがオススメ！」

このワークシートは,あの「人生ゲーム」を自分で作っていくもの。「人生ゲーム」の1コマ1コマを書いていく過程で,子どもたちは自分のこれまでの人生を振り返り,見つめることができるのです。書くだけでも十分意味がありますが,実際にゲームをしてみるのも,おもしろいかもしれません。

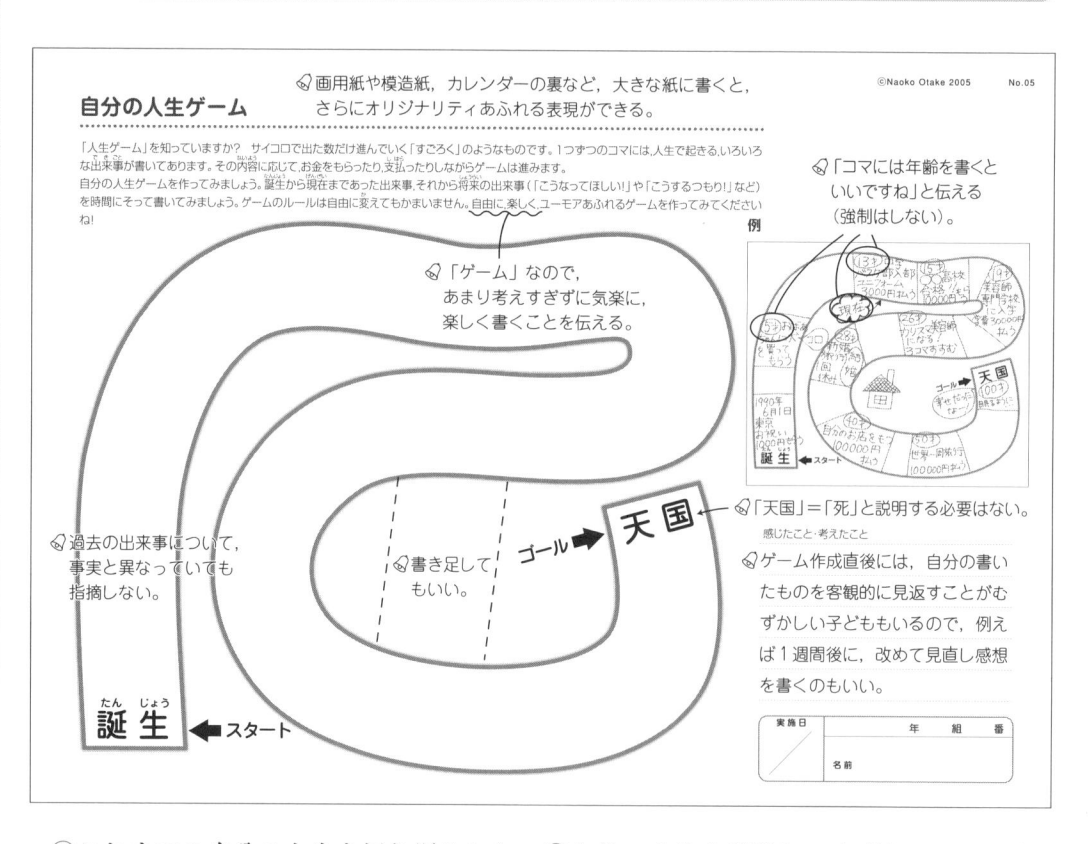

自分の人生ゲーム

○画用紙や模造紙,カレンダーの裏など,大きな紙に書くと,さらにオリジナリティあふれる表現ができる。

©Naoko Otake 2005　No.05

「人生ゲーム」を知っていますか？ サイコロで出た数だけ進んでいく「すごろく」のようなものです。1つずつのコマには,人生で起きる,いろいろな出来事が書いてあります。その内容に応じて,お金をもらったり,支払ったりしながらゲームは進みます。
自分の人生ゲームを作ってみましょう。誕生から現在まであった出来事,それから将来の出来事（「こうなってほしい！」や「こうするつもり！」など）を時間にそって書いてみましょう。ゲームのルールは自由に変えてもかまいません。自由に楽しく,ユーモアあふれるゲームを作ってみてくださいね！

○「コマには年齢を書くといいですね」と伝える（強制はしない）。

例

○「ゲーム」なので,あまり考えすぎずに気楽に,楽しく書くことを伝える。

○過去の出来事について,事実と異なっていても指摘しない。

○書き足してもいい。

ゴール→天国

○「天国」＝「死」と説明する必要はない。

感じたこと・考えたこと

○ゲーム作成直後には,自分の書いたものを客観的に見返すことがむずかしい子どももいるので,例えば1週間後に,改めて見直し感想を書くのもいい。

誕生（たんじょう）←スタート

実施日　　年　組　番
名前

①これまでの自分の人生を振り返ること,②今後の人生を想像し,表現してみること,がねらいです。「人生ゲーム」という「遊び」の中だからこそ,深刻にならず,気持ちをラクに表現することができます。ゲームという性質上,「良いこと」も「そうでないこと」も必要なため,どちらも人生の1コマとして表現することができます。その結果,③1コマ1コマが自分の人生を築いているんだ,と実感することが,3つ目のねらいです。

▶進め方

導入 子どもたちの気持ちが落ち着いているのを確認後，導入文を読む。「ゲームのルール，登場人物など，好きなように工夫してもかまいません」「自由に作ってみよう」と呼びかける。シェアリングをする場合は，その旨を伝える。

展開 子どもたちが安心・集中して書けるように，静かに見守る。終わり近くになったら「もう一度，自分の書いたものを見てみよう。『自分の人生ゲームはこんな感じかな？』と確認してみよう」と呼びかける。

まとめ シェアリングをする場合……「友達の書いたものを悪く言ったり，からかったりしないこと」を伝える。シェアリング後，感想を書く（シェアリングをしない場合……感想を書く）。子どもたちが望めば，実際にゲームをする。

▶実践エピソード

中学2年生のユキオ（仮名）は，ひととおり書き終えると，現在から20歳までのコマを書き直しました。「将来プログラマーになるには，大人になるまでにやることが，ほかにもあるよ！」と言います。現在と将来の夢をつなぐために必要なことに気づいたようでした。

別室登校の子どもたち6人は，ゲームを書き終えると，ミユコ（仮名）のゲームで遊び始めました。「中学1年：不登校……3回休み」などと書いてあります。このコマに当たったとき，子どもたちは「わーっ！」と盛り上がり，「ヤッター！」と叫ぶ子どももいました。ミユコはうれしそうに笑い，あとで，「自分にとっては受け入れがたい『不登校』も，人生にとってはコマの1つでしかない」と感じたことを，話してくれました。

▶「こんな書き込み」「こんな様子」への対応

天国へ行く年齢が早すぎる場合 例えば「30歳」など，ゴールに若い年齢を設定する子どもには，「なんで30歳で天国へ行くの？」などと説明を求めないようにしましょう。「3年以内」などと設定した場合には，時間と場所をあらためて（放課後など）「人生ゲーム，どうだった？」等，声をかけます。「天国へ行く年齢」に絞らず，「ゲーム全体」に焦点を当てて聞くことがポイントです。そのうえで「2年後に天国へ行っちゃうって書いてあったから，先生悲しくなったよ」などと，気持ちを伝えるのがいいと思われます。

事実とは異なることを書いている場合 これまでの自分の人生を創作して書いている場合でも，それも子どもの「こころの表現」としてとらえます。そのまま見守りましょう。

こんなときにピッタリ！ ホームルームで。夏休みの宿題に。別室登校・保健室登校の子どもに。カウンセリング・ルームで。ご家庭で。

※カレンダーの裏など，大きな紙を用いると，より自由に楽しく表現できる。

第2章　ワークシートの使い方

No.06

小さいころの風景

諸富祥彦の「このシート,ここがオススメ！」

このワークシートは，子どものころの「原風景」を描いてもらうものです。学校生活の中で子どもたちは友達とのトラブルをはじめとして，いろんなつらい出来事につきあたるもの。そんなとき，自分のいちばん幸福だったシーンを思い浮かべることで，こころがポカポカ，安定してくるかもしれません。

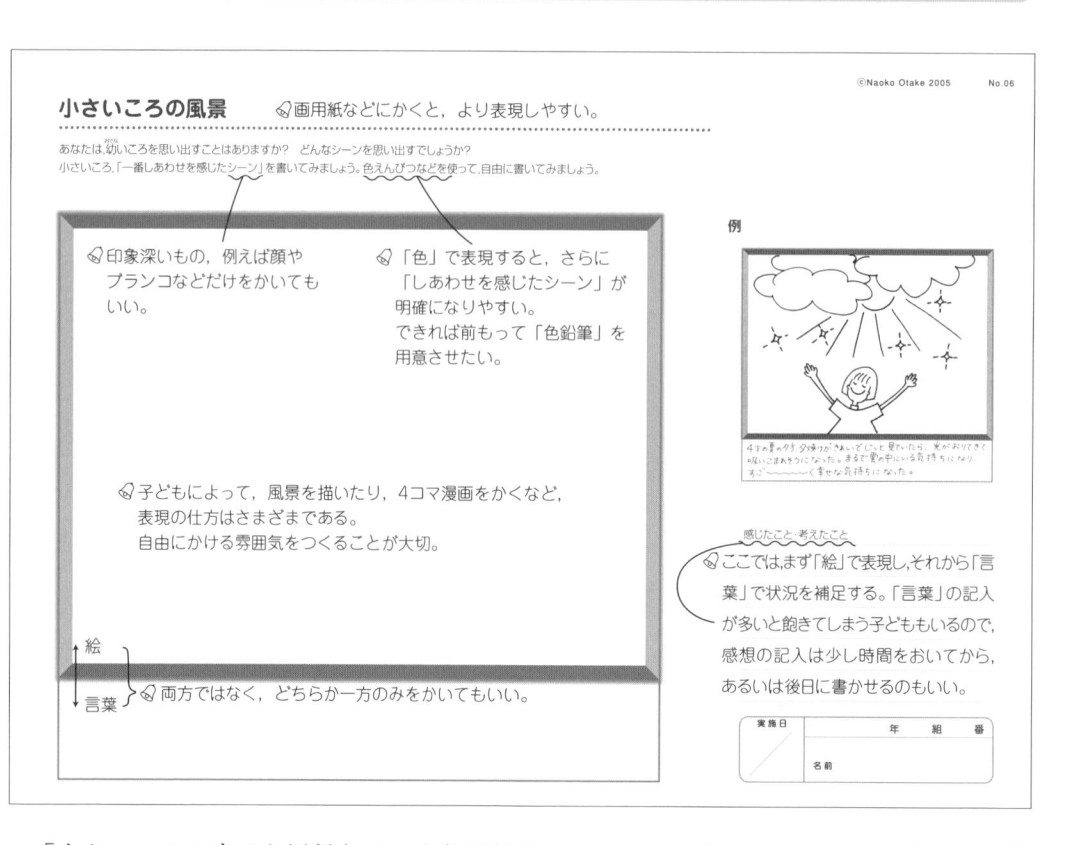

小さいころの風景　　画用紙などにかくと，より表現しやすい。

あなたは，幼いころを思い出すことはありますか？　どんなシーンを思い出すでしょうか？
小さいころ，「一番しあわせを感じたシーン」を書いてみましょう。色えんぴつなどを使って,自由に書いてみましょう。

- 印象深いもの，例えば顔やブランコなどだけをかいてもいい。
- 「色」で表現すると，さらに「しあわせを感じたシーン」が明確になりやすい。できれば前もって「色鉛筆」を用意させたい。
- 子どもによって，風景を描いたり，4コマ漫画をかくなど，表現の仕方はさまざまである。自由にかける雰囲気をつくることが大切。
- 両方ではなく，どちらか一方のみをかいてもいい。

例

感じたこと・考えたこと
- ここでは，まず「絵」で表現し，それから「言葉」で状況を補足する。「言葉」の記入が多いと飽きてしまう子どももいるので，感想の記入は少し時間をおいてから，あるいは後日に書かせるのもいい。

「小さいころの幸せな風景」は，心象風景として，大人になってもこころの中に生き続けるものです。つらいとき苦しいときには支えとなり，自分に立ち返るきっかけを与えてくれます。そのため，できればクレヨンや色鉛筆などを使って，こころの風景を味わいながら，ゆっくりと自由に表現していくことが大切です。①幸せだったときを味わい直し，②表現すること。③大切な自分の思い出として，再びこころに刻むこと，がねらいです。

▶ 進め方

導入 子どもたちの気持ちが落ち着いているのを確認後，導入文を読む。そのときに，子どもたちに目をつぶってもらい，「小さいころを思い出して，自分に問いかけてみましょう。幸せだなぁ〜と感じたのは，どんな場面だったかなと。そして，何かが浮かんでくるまで待っていましょう」と声をかけ，少し時間をとるといい。「上手に書こうとしなくていいです」「感じたまま，こころに残っているイメージを大切にしながら描いてみましょう」「そのときの様子を，言葉にもできそうな人は，絵を描いたあとでワークシートの下の欄に書いてみましょうか。言葉にしたくない人は，絵だけでもいいです」と伝える。シェアリングをする場合は，その旨を伝える。

展開 子どもたちが安心・集中してかけるように，静かに見守る。終わり近くになったら「もう一度，自分のかいたものを見てみよう。『自分の幸せを感じた場面は，こんな感じかな？』と確認してみよう」と呼びかける。

まとめ シェアリングをする場合……「友達の書いたものを悪く言ったり，からかったりしないこと」を伝える。シェアリング後，感想を書く。
シェアリングをしない場合……感想を書く。

▶ 実践エピソード

「小さいころの風景」をかいたあと，自分の絵を机の上に置き，クラス全員が自由にクラス内を歩いて友達の描いた「風景」を見て回りました。子どもたちは，ふだんの友達からは想像がつかない（？）子どものころの一場面に興味津々の様子。

ふだん同じ制服を着て，同じ勉強をして，同じスケジュールを過ごしている子どもたちは，友達が一人一人違う背景をもっていることを実感する機会がないようです。「小さいころの風景」を垣間見ることで，友達の知らなかった側面に出合えたのでしょう。それによって，友達とは違う「私」という存在をあらためて感じたようでした。

▶ 「こんな書き込み」「こんな様子」への対応

描かない子どもがいる場合 このワークシートは，子どもたちにとって「表現する」というより，「絵を描く」という印象が強いため，絵の苦手な子どもには抵抗があるかもしれません。そのような子どもには，無理に描かせるよりも，そのシーンをしっかりイメージできるよう，言葉で表現したり，イメージを形で示すように伝えてもいいでしょう。

> **こんなときにピッタリ！** 朝自習の時間に。ホームルームの時間に。不登校の子どもに。保健室・別室登校の子どもに。カウンセリング・ルームで。ご家庭で。

※画用紙に，クレヨンなどを用いて描くとさらに効果的です。

第2章 ワークシートの使い方

No.07

元気リスト

諸富祥彦の「このシート,ここがオススメ！」

こころを「元気にしてくれるもの」があります。私の場合，それはラーメンだったり，アントニオ猪木のテーマだったり……。つらい仕事があるとき，そんなアイテムを思い浮かべます。いま，心がくじけそうになっていても「元気にしてくれるもの」を思い浮かべれば，何とかしのげるよ，というメッセージがこめられたワークです。

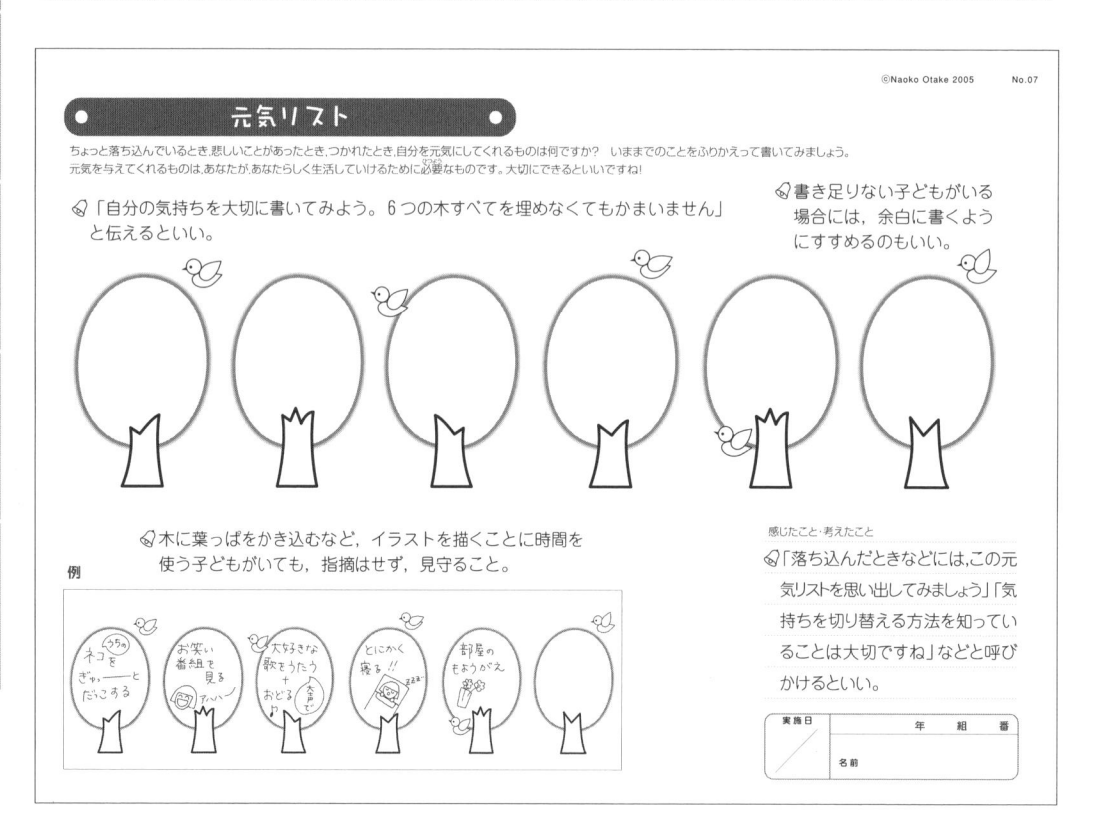

元気リスト

ちょっと落ち込んでいるとき,悲しいことがあったとき,つかれたとき,自分を元気にしてくれるものは何ですか？ いままでのことをふりかえって書いてみましょう。
元気を与えてくれるものは,あなたがあなたらしく生活していけるために必要なものです。大切にできるといいですね！

・「自分の気持ちを大切に書いてみよう。6つの木すべてを埋めなくてもかまいません」と伝えるといい。

・書き足りない子どもがいる場合には，余白に書くようにすすめるのもいい。

・木に葉っぱをかき込むなど，イラストを描くことに時間を使う子どもがいても，指摘はせず，見守ること。

感じたこと・考えたこと
・「落ち込んだときなどには,この元気リストを思い出してみましょう」「気持ちを切り替える方法を知っていることは大切ですね」などと呼びかけるといい。

例：ネコをぎゅーっとだっこする／お笑い番組を見る／大好きな歌をうたう＋おどる／とにかく寝る！！／部屋のもようがえ

疲れること・落ち込むこと・気分転換が必要なことは，子どもにもあります。「自分を元気にしてくれるもの」を知っていることは，そうしたときに「気持ちを切り替える方法を知っていること」です。こころの健康を保つための方法を，意識的に生活の中に取り入れる第一歩になります。①「自分を元気にしてくれるものは何だろう？」と振り返り，②それに気づくことで，③落ち込んだときなどに「しのげるようになる」こと，がねらいです。

▶進め方

導入　子どもたちの気持ちが落ち着いているのを確認後，導入文を読む。子どもたちがイメージしにくいようだったら，「最近，落ち込んだことやつらかったことはありますか？　そのとき，どんなきっかけで自分が元気になったか，気持ちが少しでも楽になったか，覚えていますか？」と声をかけるのもいい。記入後，シェアリングをするときは，その旨を伝える。

展開　子どもたちが安心・集中して書けるように，静かに見守る。終わり近くになったら「もう一度，自分の書いたものを見てみよう。『自分の"元気リスト"はこんな感じかな？』と確認してみよう」と呼びかける。

まとめ　シェアリングをする場合……「友達の書いたものを悪く言ったり，からかったりしないこと」を伝える。シェアリング後，感想を書く。
シェアリングをしない場合……感想を書く。

▶実践エピソード

カウンセリング・ルームで，子どもたちがシートに記入しているなか，中学3年生のケイコ（仮名）は，「元気にしてくれるものって，何だろう？　え〜？　わからない……。それがわかっていたら苦労しないよ〜」と言い，記入しませんでした。「ケイコちゃん，このシート預かっているから，『あっ！　これは自分を元気にしてくれるものだ！』って発見したら，私に教えてね。このシートに1つずつ書いていかない？」と伝え，その日は終わりました。

その後，ケイコは意識的に「元気にしてくれるもの」を探していったようです。1ヶ月の間には，すべての木が埋まりました。その中に「枕をボコボコになぐる」というのがありました。それをするとスッキリするのだそうです。気持ちを切り替える工夫，ストレスマネジメントの1つとして，大切にしていってほしいな，と思いました。

▶「こんな書き込み」「こんな様子」への対応

「だれか（動物）をなぐる」などの言葉が書かれている場合　子どもたちの中には，不適切な方法でストレスを発散したり，元気を回復している場合があります。しかし，こうした子どもにとって，その方法は，いまのところ唯一の対処方法である場合が多いもの。このワークの中で注意をするより，別途にストレスマネジメントの時間や機会を設けることが必要です。注意よりも，別の「元気になる」方法を見つけるサポートが必要です。

こんなときにピッタリ！　朝自習の時間に。ホームルームの時間に。不登校の子どもに。別室登校・保健室登校の子どもに。カウンセリング・ルームで。ご家庭で。

自分のなかのいろんな自分

No.08

諸富祥彦の「このシート、ここがオススメ！」

私たちのこころの中には「いろんな自分」がいます。怒りんぼの自分。強がっている自分などなど。「こんな自分もいるね」と認めることで，自分自身と少し間がとれてきます（クリアリング・ア・スペース）。間が取れるとこころのエネルギーが回復してきて，前向きになれるのです。「どんな自分も大切な自分」ですね。

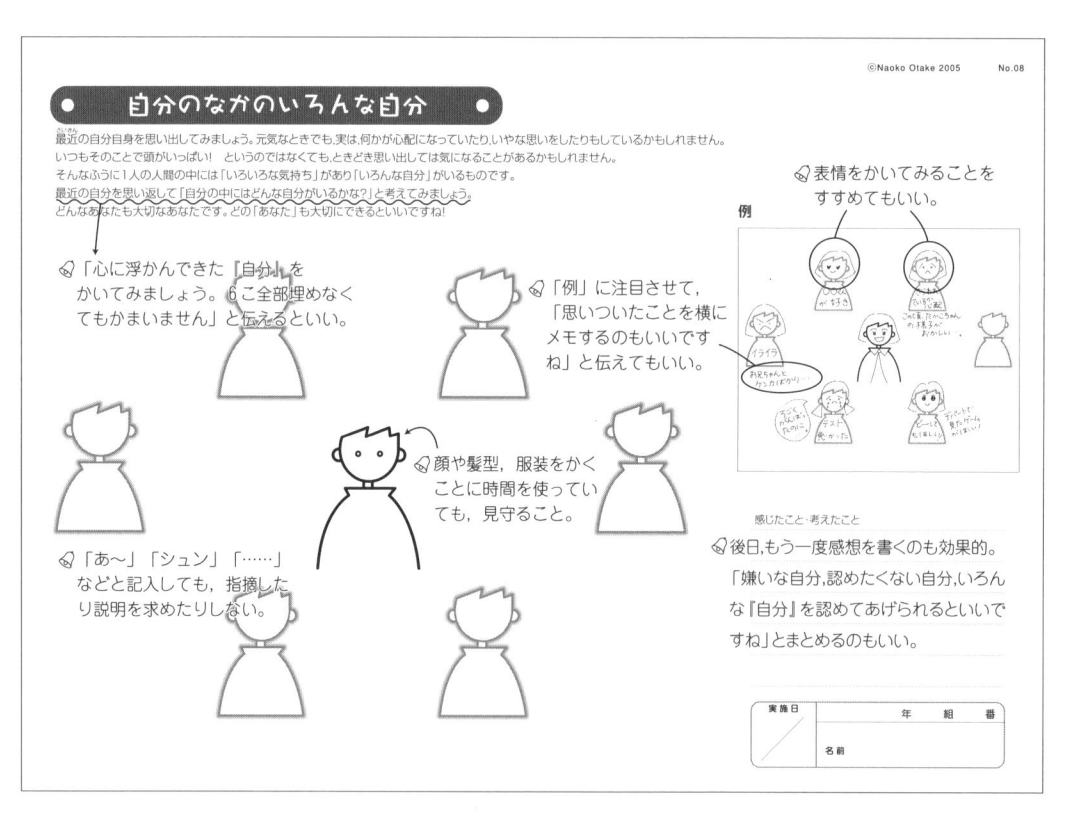

自分のなかのいろんな自分

最近の自分自身を思い出してみましょう。元気なときでも，実は，何かが心配になっていたり，いやな思いをしたりもしているかもしれません。いつもそのことで頭がいっぱい！　というのではなくても，ときどき思い出しては気になることがあるかもしれません。
そんなふうに1人の人間の中には「いろいろな気持ち」があり「いろんな自分」がいるものです。
最近の自分を思い返して「自分の中にはどんな自分がいるかな？」と考えてみましょう。
どんなあなたも大切なあなたです。どの「あなた」も大切にできるといいですね！

- 「心に浮かんできた『自分』をかいてみましょう。6こ全部埋めなくてもかまいません」と伝えるといい。
- 「例」に注目させて，「思いついたことを横にメモするのもいいですね」と伝えてもいい。
- 顔や髪型，服装をかくことに時間を使っていても，見守ること。
- 「あ～」「シュン」「……」などと記入しても，指摘したり説明を求めたりしない。
- 表情をかいてみることをすすめてもいい。
- 後日，もう一度感想を書くのも効果的。「嫌いな自分，認めたくない自分，いろんな『自分』を認めてあげられるといいですね」とまとめるのもいい。

　私たち一人一人のこころの中には「いろいろな自分」が住んでいて，日々の出来事の中で顔を出します。このワークシートでは，①最近の自分を振り返ること，②自分の中に生じたさまざまな感情に気づくこと。そして，③いろいろな自分を表現し「リスト」にして，客観視してみることで，④自分の中にある「いろいろな部分」を自覚し，認めること，がねらいです。「どんな自分も大切」にできるこころを育てるための，第一歩となります。

ワークシートの出典……『やさしいフォーカシング』（アン・ワイザー・コーネル著，大澤美枝子・日笠摩子訳，コスモス・ライブラリー）を参考にした。

▶進め方

|導入| 子どもたちの気持ちが落ち着いているのを確認後，導入文を読む。「例のように，表情や洋服などを書いてみてもいいですね」と伝える。シェアリングをしない場合はその旨を伝える。

|展開| 子どもたちが安心・集中してかけるように，静かに見守る。終わり近くになったら「もう一度，自分のかいたものを見てみよう。『最近の自分はこんな感じだったかな？』と確認してみよう」と呼びかける。

|まとめ| シェアリングをしない場合……感想を書く。
シェアリングをする場合……「友達の書いたものを悪く言ったり，からかったりしないこと」を伝える。シェアリング後，感想を書く。

＊留意点……個人的な思いを表現しやすいワークシートなので，教室で一斉に実施し，シェアリングをするのはむずかしいと思われます。

▶実践エピソード

　夏休み明け，「毎日イライラする！　気持ちがぐちゃぐちゃ」と言う中学3年生のマナミ（仮名）に，このシートをやってもらいました。「受験勉強しなくちゃいけない」「とにかく眠い」「○○くんLOVE」「高校に入れるかな？（心配）」「グループの友達のこと」「お母さんがウザイ」とマナミは書きました。いろいろなことを抱えながら，毎日を過ごしていたマナミの様子が伝わってきます。

　1つずつ話を聴いたあとで，「いま1つずつ話してくれたけど，話し終わってみると，どんな感じ？」と聞くと，マナミは，ワークシートに色を塗りながら「これは，私がどうすることもできないこと」（お母さんのこと），「これはゆずれないこと！」（○○くんのこと・眠いこと），「すぐに考えなきゃいけないこと」（友達のこと）など，分別を始めました。そして「なんだかちょっとスッキリした！」そう言って帰っていきました。高校受験のプレッシャーを抱えたマナミにとって，「最近の自分」を思い返し，1つずつ表現していくことが「こころの整理」になったようです。

▶「こんな書き込み」「こんな様子」への対応

|偏った内容が書かれている場合| 学校の行事や部活など，「出来事に対する思い」だけを書く子どもや，「友達や先生に知ってほしい自分」だけを書く子どももいます。しかし，それも自己表現。自分を守りながらの表現なので，そのまま受け止めることが大切です。

> **こんなときにピッタリ！** 朝自習の時間に。ホームルームで。不登校の子どもに。保健室・別室登校の子どもに。カウンセリング・ルームで。ご家庭で。

※2，3週間おいてから見直してみたり，再度実施すると，自分を客観的に見ることに効果的です。

第2章　ワークシートの使い方

安心ワールド

No.09

諸富祥彦の「このシート，ここがオススメ！」

私たちには「ここに行けば，こんなことをすれば，安心できる」という「安心ワールド」があります。イライラしたとき，泣き出したいとき，その安心ワールドを思い浮かべるだけで，こころが落ち着いてくるはずです。私にとっての安心ワールドは「娘の笑顔」と「アントニオ猪木の『ダー！』」です。みなさんは？

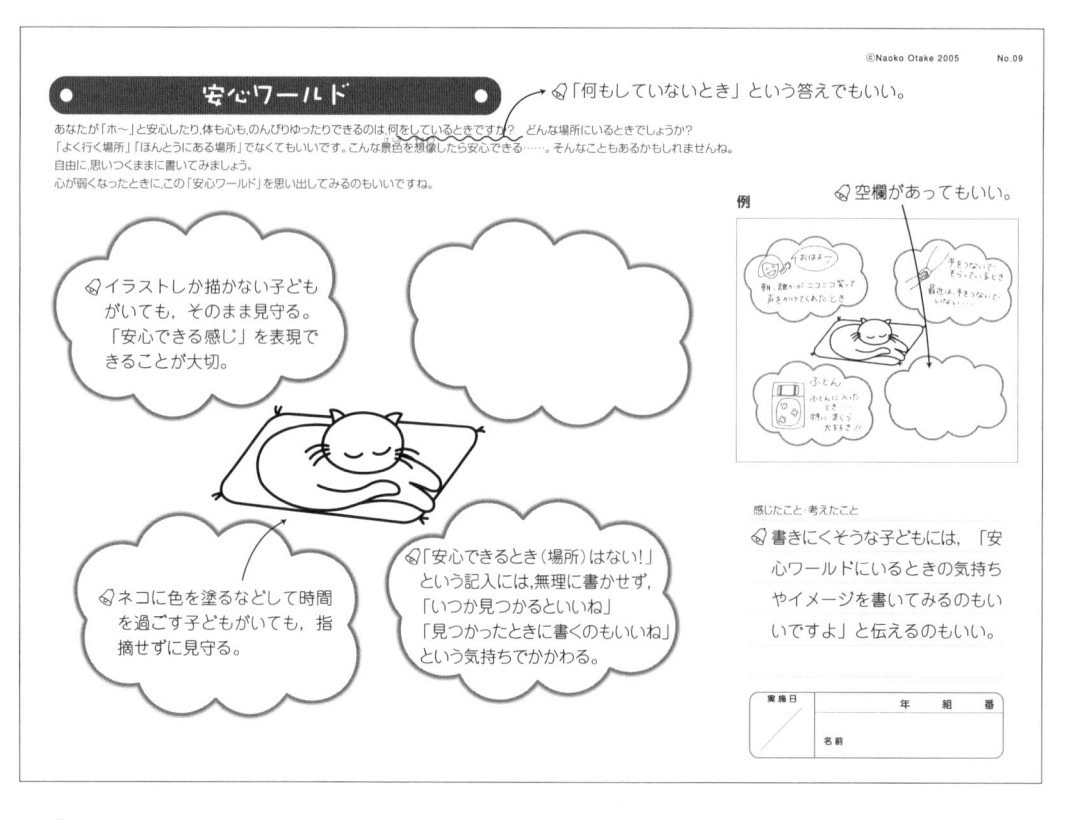

安心ワールド

あなたが「ホ～」と安心したり，体も心も，のんびりゆったりできるのは，何をしているときですか？　どんな場所にいるときでしょうか？
「よく行く場所」「ほんとうにある場所」でなくてもいいです。こんな景色を想像したら安心できる……。そんなこともあるかもしれませんね。
自由に，思いつくままに書いてみましょう。
心が弱くなったときに，この「安心ワールド」を思い出してみるのもいいですね。

- 「何もしていないとき」という答えでもいい。
- イラストしか描かない子どもがいても，そのまま見守る。「安心できる感じ」を表現できることが大切。
- ネコに色を塗るなどして時間を過ごす子どもがいても，指摘せずに見守る。
- 「安心できるとき（場所）はない！」という記入には，無理に書かせず，「いつか見つかるといいね」「見つかったときに書くのもいいね」という気持ちでかかわる。
- 空欄があってもいい。
- 書きにくそうな子どもには，「安心ワールドにいるときの気持ちやイメージを書いてみるのもいいですよ」と伝えるのもいい。

「私が安心できる場所はどこだろう」「安心できるときはいつだろう」と思いめぐらすのは，自分のからだやこころの「感覚」を思い出す作業です。ホッとできる空間だったり，あたたかいぬくもりであったりするでしょう。安心できる感覚や感じを思い出し，意識することは，こころの中にも「安心できるスペース」を作ることにつながります。安心できる感覚を，①思いめぐらし，②自覚することで，③安心感を育むこと，がねらいです。

▶ 進め方

導入 子どもたちの気持ちが落ち着いているのを確認後，導入文を読む。「頭で考えるよりも，ほっと安心しているときのからだの感じを思い出して，こんな感じになれるのはどんな場所かな？　どんなときかな？　と自分に聞いてみよう」と伝える。記入後，シェアリングをする場合はその旨を伝える。

展開 子どもたちが安心・集中して書けるように，静かに見守る。終わり近くになったら「もう一度，自分の書いたものを見てみよう。『自分の"安心ワールド"はこんな感じかな？』と確認してみよう」と呼びかける。

まとめ シェアリングをする場合……「友達の書いたものを悪く言ったり，からかったりしないこと」を伝える。シェアリング後，感想を書く。
シェアリングをしない場合……感想を書く。

▶ 実践エピソード

毎日，「おなかが痛い」と保健室へ行く中学1年生のサトコ（仮名）は，このシートを見て，「ほっとすることなんて，ないもん」と言いました。「私が私でいるうちは，ほっとできないと思う」と言います。そして，シート中央のネコを見て「ネコはいいな〜」と言います。

「ネコになったら，ほっとできそうかな？」と言うと，「毎日，ほっとできる。ネコ，いいなぁ」と言います。「ネコになって，どこでほっとしたい？」と尋ねると，「ふかふかの草の上で，ひなたぼっこしたら，すごく気持ちいい。ネコだったら，学校に行かなくてもいいし，だれも私のこと，ヘンな目で見ないもん」。

そこで，目を閉じて，「自分がネコになっている，周りの風景，草の色や匂い」を想像してもらいました。「あぁ，ネコになっていると，やっぱり安心するなぁ〜」。その後，シートのネコを黄色に塗り，ハサミで切りぬき，それを持って教室へ帰っていきました。

▶「こんな書き込み」「こんな様子」への対応

記入をしない場合　「安心できるところ」を自覚できていない子どもは，意外と多いように思います。無理強いや，「自分の部屋は安心できるでしょう？」などの提案はせず，そのまま見守ってください。また，「安心できない」など，否定的な気持ちを書ければ，こころの整理につながります。シートを書いているときは，そのまま見守りましょう。その後，ワークシートとは別の形で，気持ちを聴く機会をもつようにしましょう。

> **こんなときにピッタリ！** 朝自習の時間に。ホームルームで。不登校の子どもに。別室登校・保健室登校の子どもに。カウンセリング・ルームで。ご家庭で。

第2章　ワークシートの使い方

No.10 ニコニコさんとチクチクさん

諸富祥彦の「このシート，ここがオススメ！」

このワークでは，①自分のこころをニコニコさせるもの，チクチクさせるものを考えることで自己理解が深まり，②ほかの子どもの考えを知ることで，人と自分の違いに気づきます。自分には平気なことが，人にとっては傷つくことだったりします。何が人を傷つけるのか，その多様性に気づくことで，人権教育にもつながります。

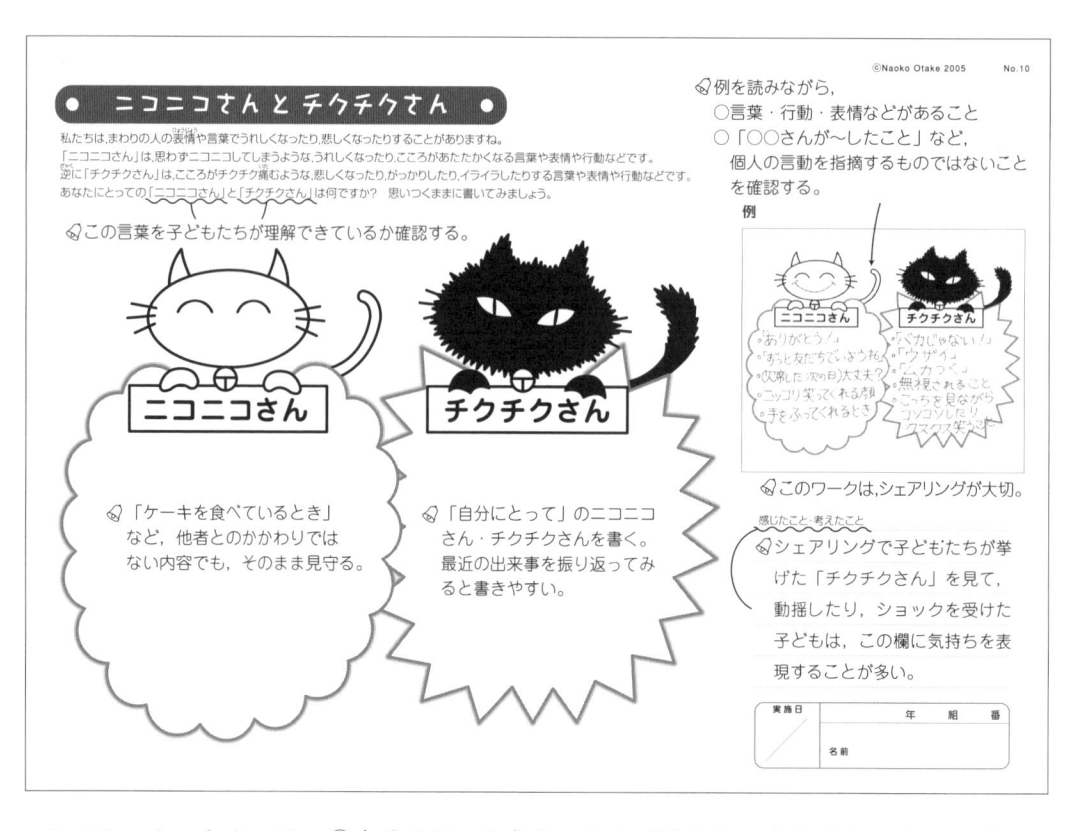

ニコニコさんとチクチクさん

私たちは，まわりの人の表情や言葉でうれしくなったり，悲しくなったりすることがありますね。
「ニコニコさん」は，思わずニコニコしてしまうような，うれしくなったり，こころがあたたかくなる言葉や表情や行動などです。
逆に「チクチクさん」は，こころがチクチク痛むような，悲しくなったり，がっかりしたり，イライラしたりする言葉や表情や行動などです。
あなたにとっての「ニコニコさん」と「チクチクさん」は何ですか？　思いつくままに書いてみましょう。

- この言葉を子どもたちが理解できているか確認する。
- 「ケーキを食べているとき」など，他者とのかかわりではない内容でも，そのまま見守る。
- 「自分にとって」のニコニコさん・チクチクさんを書く。最近の出来事を振り返ってみると書きやすい。
- 例を読みながら，
  ○言葉・行動・表情などがあること
  ○「○○さんが〜したこと」など，個人の言動を指摘するものではないことを確認する。
- このワークは，シェアリングが大切。

感じたこと・考えたこと
- シェアリングで子どもたちが挙げた「チクチクさん」を見て，動揺したり，ショックを受けた子どもは，この欄に気持ちを表現することが多い。

このシートのねらいは，①自分はどのようなことが「うれしい」と感じ，または「いやだ」と感じるかを振り返り，自覚すること。そして，シェアリングによって友達の意見を知ることで，②友達は，どのようなことを「うれしい」と感じ，どのようなことを「いやだ」と感じているのかを知ること。それによって，③「感じ方」には個人差があることに気づくこと，です。これは，よりよい人間関係を築いていくために大切な力となります。

ワークシートの出典……『好ましい人間関係を育てるカウンセリング』(手塚郁恵著，学事出版)，33ページを参考にした。

▶進め方

導入　子どもたちの気持ちが落ち着いているのを確認後，導入文を読む。「ニコニコさんとチクチクさん」の言葉を，子どもたちが理解できているかどうかを確認する。また，例を読みながら，「○○さんが〜するとき」のように，個人の行動を書くのではないことを伝え，個人攻撃をされる子どもが出ないように配慮する。記入後，シェアリングをすることを伝える。

展開　子どもたちが安心・集中して書けるように，静かに見守る。終わり近くになったら「もう一度，自分の書いたものを見てみよう。『自分にとってのニコニコさんとチクチクさんはこんな感じかな？』と確認してみよう」と呼びかける。

まとめ　グループに分かれてシェアリングをする。「友達の書いたものを悪く言ったり，からかったりしない」「ニコニコさんとチクチクさんは，みんな一人ずつ違うと思います。だから，友達の意見が自分の意見と違っていても，否定せずに，大切に話を聞きましょう。どの意見も大切に，グループ用のシートに書いていってください」と伝える。そして，シートをグループ用に1枚ずつ配り，グループの意見をまとめる。

その後，クラス全体のシェアリング（グループごとに発表）をしてもいい。シェアリング後，一人一人シートに感想を書く。

＊留意点……日常を振り返って，自分にとってのニコニコさんとチクチクさんを書き出すのは，時間が必要な子どもも多いと思います。家で，一人ずつのシートを書くところまでやってきてもらうと，日ごろ感じていることが，より明確に表現できるようです。

▶実践エピソード

あるクラスで実施していただいたところ，シェアリングの際，子どもの反応が大きかったのは，チクチクさんだったそうです。「バカ」「死ね」「サイテー」などのマイナスのメッセージのほかに，「『やだー！』と言うときに，腕をたたかれること」「肩を組むみたいにして，首をしめられること」「授業中に発表しているときに，笑い声が聞こえること」「靴を踏まれたとき」「消しゴムを使われるとき」などが出されました。子どもたちは「はっ！」「ドキっ！」という顔をしたり，「うんうん！　そうそう！」と同意を示したそうです。感想には，「これからたくさん『ニコニコさん』をしようと思う」「みんなから出た『チクチクさん』を知って，少し驚いた」「自分は冗談で言っている言葉が，人を傷つけているかもしれない」などと書かれていました。

こんなときにピッタリ！　ホームルームの時間に。道徳の時間に。不登校の子どもに。保健室・別室登校の子どもに。カウンセリング・ルームで。ご家庭で。

※不登校の子どもがご家庭で行う場合は「家でのニコニコさんとチクチクさん」として実施できます。

第2章　ワークシートの使い方

No.11

気になること，さようなら

🌱 諸富祥彦の「このシート,ここがオススメ！」

このワークはフォーカシングという心理療法の「こころの空間づくり」という技法をもとにしたものです。気がかりなこと（例えば，お母さんのこと，テストのことなど）を，「風船にのせる」というイメージを使って置いていきます。それだけで，グチャグチャだった心が整理されて，こころの空間を取り戻していくことができます。

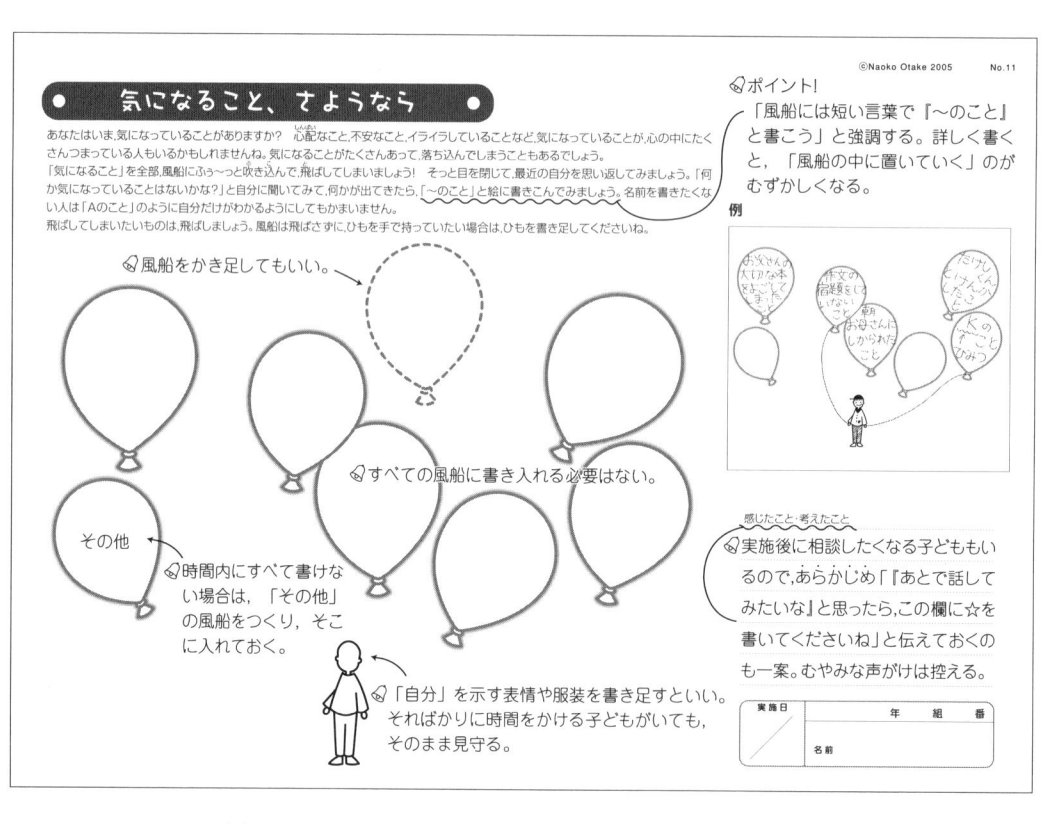

［ワークシート図：「気になること、さようなら」— 風船のイラストと記入欄］

ポイント！
「風船には短い言葉で『〜のこと』と書こう」と強調する。詳しく書くと，「風船の中に置いていく」のがむずかしくなる。

例

感じたこと・考えたこと
実施後に相談したくなる子どももいるので，あらかじめ「『あとで話してみたいな』と思ったら，この欄に☆を書いてくださいね」と伝えておくのも一案。むやみな声がけは控える。

・風船をかき足してもいい。
・すべての風船に書き入れる必要はない。
・時間内にすべて書けない場合は，「その他」の風船をつくり，そこに入れておく。
・「自分」を示す表情や服装を書き足すといい。そればかりに時間をかける子どもがいても，そのまま見守る。

　フォーカシング（自分の「こころの声」を聴く方法）に「クリアリング・ア・スペース」という方法があります。抱えている問題を一つ一つ思い浮かべながら，安心できる場所へ置いていくことで，こころが整理される方法です。このワークシートはその方法を生かして，「気になっていること」を風船に入れて飛ばします。①自分と問題との「間をとる」こと，②こころを整理すること，それにより③エネルギーを回復すること，がねらいです。

ワークシートの出典……『迷う心の「整理学」』(増井武士著，講談社)，133ページを参考にした。

▶ 進め方

導入 子どもたちの気持ちが落ち着いているのを確認後，導入文を読む。「何か気になっていることはないかな〜？　と，自分にやさしく問いかけてみましょう。そして何かが浮かんできたら，それを一つずつ風船の中に入れていってください。いまは内容を考えるのはやめて，『〜のこと』という感じで，風船に書いてみましょう」と伝える。シェアリングをしない場合はその旨を伝える。

展開 子どもたちが安心・集中して書けるように，静かに見守る。終わり近くになったら「もう一度，自分の書いたものを見てみよう。『自分の気になっていることは，こんな感じかな？』と確認してみよう」と呼びかける。

まとめ シェアリングをしない場合……感想を書く。

＊留意点……個人的な思いを表現しやすいワークシートなので，教室で一斉に実施し，シェアリングをするのはむずかしいと思われます。

▶ 実践エピソード

中学3年生のマサコ（仮名）は，カウンセリング・ルームに来るなり，泣き出しました。「自分でもよくわからないんです。どうしていいか……。何を話したらいいか，わからないの」と。そこで，このシートをやってもらいました。友達のこと，勉強のこと，お母さんのことと，一つずつ風船に入れていったあと，新たに浮かんでくるのを待っていたマサコは，「修学旅行のグループのこと」と書きました。

ひととおり書き終わったあとで，「気持ちが楽になった。気づかなかったけど，いちばん最後に出てきた修学旅行のグループのことが，ほんとうはいちばん気になっていたんだと思う」と，話してくれました。

毎日いろいろなことがあり，自分のこころを痛めているものが「何か」わからず，対処できなかったのでしょう。こころの整理によって，気持ちが明確になった事例です。

▶「こんな書き込み」「こんな様子」への対応

書いても「さようなら」できない子ども　気になっているものを「置いていく」だけで，気持ちはほとんど整理されますが，ストレスの強い子どもは「もっとちゃんと『さようなら』したい」と言うことがあります。それが必要であると感じた場合，私は「いま書いた，気になっていること，こころにあるいやなことを全部，風船に吐き出してみようか」と提案し，本物の風船を子どもに渡して，ふくらませてもらいます。スッキリするようです。

こんなときにピッタリ！　朝自習の時間に。ホームルームで。不登校の子どもに。保健室・別室登校の子どもに。カウンセリング・ルームで。ご家庭で。

第2章　ワークシートの使い方

No.12

「ありがとう」の花束を作ろう

諸富祥彦の「このシート，ここがオススメ！」

「ありがとう」の気持ちをもつことは，人のこころをさわやかにし，生きるエネルギーを与えてくれます。こころが自己中心的だと，「人は何もしてくれない」と不平不満ばかりがたまって，後ろ向きのこころになります。このワークでは，自分を支えてくれているさまざまな人や物を思い浮かべて，感謝の気持ちを表現していきます。

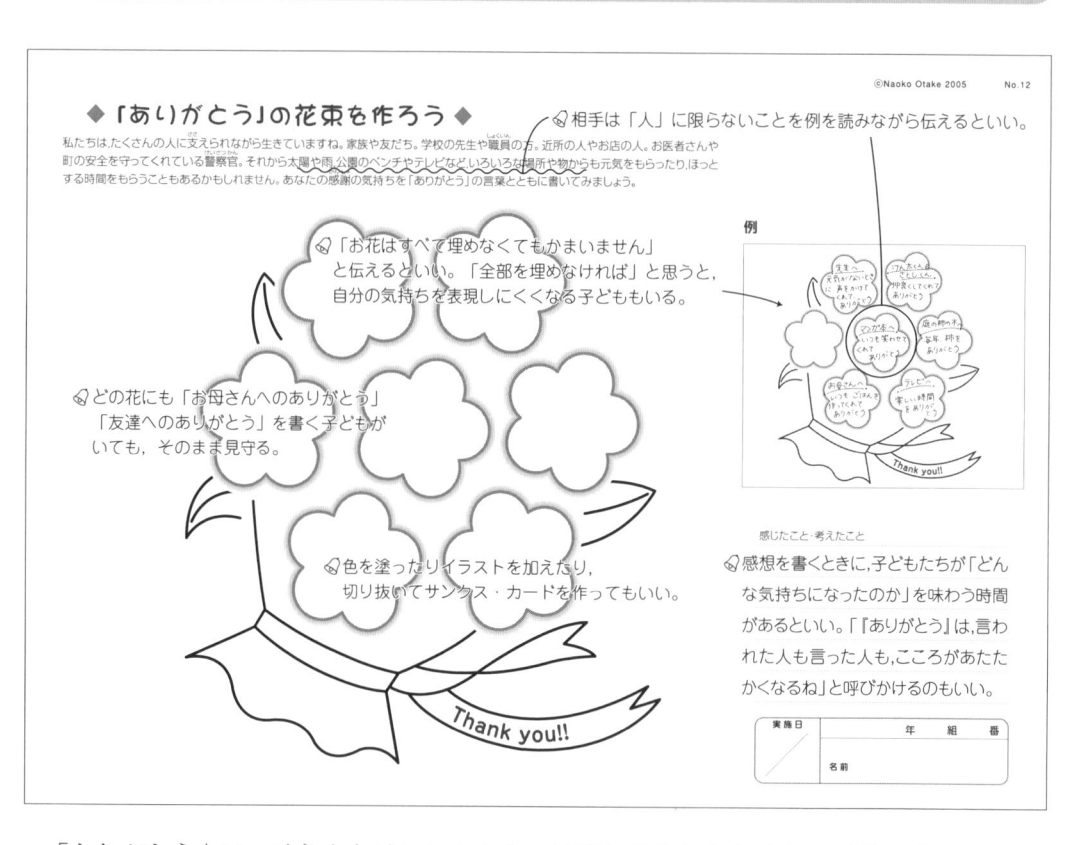

◆「ありがとう」の花束を作ろう ◆

私たちは，たくさんの人に支えられながら生きていますね。家族や友達。学校の先生や職員の方。近所の人やお店の人。お医者さんや町の安全を守ってくれている警察官。それから太陽や雨，公園のベンチやテレビなどいろいろな場所や物からも元気をもらったり，ほっとする時間をもらうこともあるかもしれません。あなたの感謝の気持ちを「ありがとう」の言葉とともに書いてみましょう。

→相手は「人」に限らないことを例を読みながら伝えるといい。

「お花はすべて埋めなくてもかまいません」と伝えるといい。「全部を埋めなければ」と思うと，自分の気持ちを表現しにくくなる子どももいる。

どの花にも「お母さんへのありがとう」「友達へのありがとう」を書く子どもがいても，そのまま見守る。

色を塗ったりイラストを加えたり，切り抜いてサンクス・カードを作ってもいい。

感想を書くときに，子どもたちが「どんな気持ちになったのか」を味わう時間があるといい。「『ありがとう』は，言われた人も言った人も，こころがあたたかくなるね」と呼びかけるのもいい。

「ありがとう」は，言う人も言われた人も，気持ちがあたたかくなる言葉です。日ごろ，いろいろな形で自分を支えてくれている人や物に，「ありがとう」を表現していくことで，「つながり」を実感します。また「ありがとう」を言う体験が少なかった子どもには，「ありがとう」を身近な言葉にするきっかけになります。①日常を振り返り，②お世話になっている人や物の存在に気づき，③人や物とのつながりを実感すること，がねらいです。

ワークシートの出典……『エンカウンターで学級が変わる・小学校編』（國分康孝監，図書文化社）から「パチパチカード」「別れの花束」を参考にした。

▶ 進め方

導入 子どもたちの気持ちが落ち着いているのを確認後，導入文を読む。色をぬったり，イラストをかき足すなど，自由にかいていいことを伝える。記入後，シェアリングをする場合はその旨を伝える。

展開 子どもたちが安心・集中してかけるように，静かに見守る。終わり近くになったら「もう一度，自分のかいたものを見てみよう。『ありがとうを伝えたい人や物へのメッセージはこんな感じかな？』と確認してみよう」と呼びかける。

まとめ シェアリングをする場合……「友達の書いたものを悪く言ったり，からかったりしないこと」を伝える。シェアリング後，感想を書く。
シェアリングをしない場合……感想を書く。
まとめの言葉として「もしも言えるのだったら，直接『ありがとう』を伝えてみるのもいいですね」とコメントしてもいい。

▶ 実践エピソード

中学3年生のユキオ（仮名）の母親は，祖母の介護をしています。疲れていても，ユキオが塾の前に食べるように，おにぎりを作って持たせてくれます。そのことに感謝しつつも，ユキオは何も言えませんでした。教室でこのワークシートを書いたあと，学校からの配付物といっしょに（恥ずかしかったのですね！）母親に渡したそうです。次の日，「お母さんがあんなに喜ぶとは思わなかった」と，うれしそうに話してくれました。

学校を休みがちな中学1年生のヒロコ（仮名）は，「何をやってもダメな自分」「価値のない自分」を感じ，家でも学校でも，いつも下を向いている子どもでした。先生と話し合って，父親，母親，姉，祖母，担任の先生，保健室の先生，カウンセラーが1つずつ，ヒロコへの「ありがとう」を書き，ヒロコに渡しました。ヒロコはとても喜びました。そして，自分のどんな部分がいいところで，何をすると「人に感謝をされるのか」を知ったことで，積極的にそのような行動をとるようになりました。

▶「こんな書き込み」「こんな様子」への対応

ふざけて書いている子どもがいる場合 とくに男子の中には，恥ずかしがり，ふざけた形で記入する場合があります。子どもによっては，表面ではふざけながらも，こころの中での作業（「ありがとう」を伝えたい人の顔が浮かんでいるなど）は進んでいることがあります。記入されている内容が，その子のすべてではないことを知っていたいものです。

> **こんなときにピッタリ！** 朝自習の時間に。ホームルームで。不登校の子どもに。保健室・別室登校の子どもに。カウンセリング・ルームで。ご家庭で。

※「家族へのありがとう」や「自分へのありがとう」など相手を決めて書くのもよい。

第2章　ワークシートの使い方

No.13

つながり地図

諸富祥彦の「このシート、ここがオススメ！」

私たちは、自分が孤立していると思ったときには、生きる意欲が減退します。逆に自分にとって大切な意味をもつ「何か」や「だれか」との「つながり」を感じるとき、前向きな気持ちになれるものです。こころがくじけそうになっているとき、このワークで「つながり」を実感することで、元気をとりもどせるかもしれません。

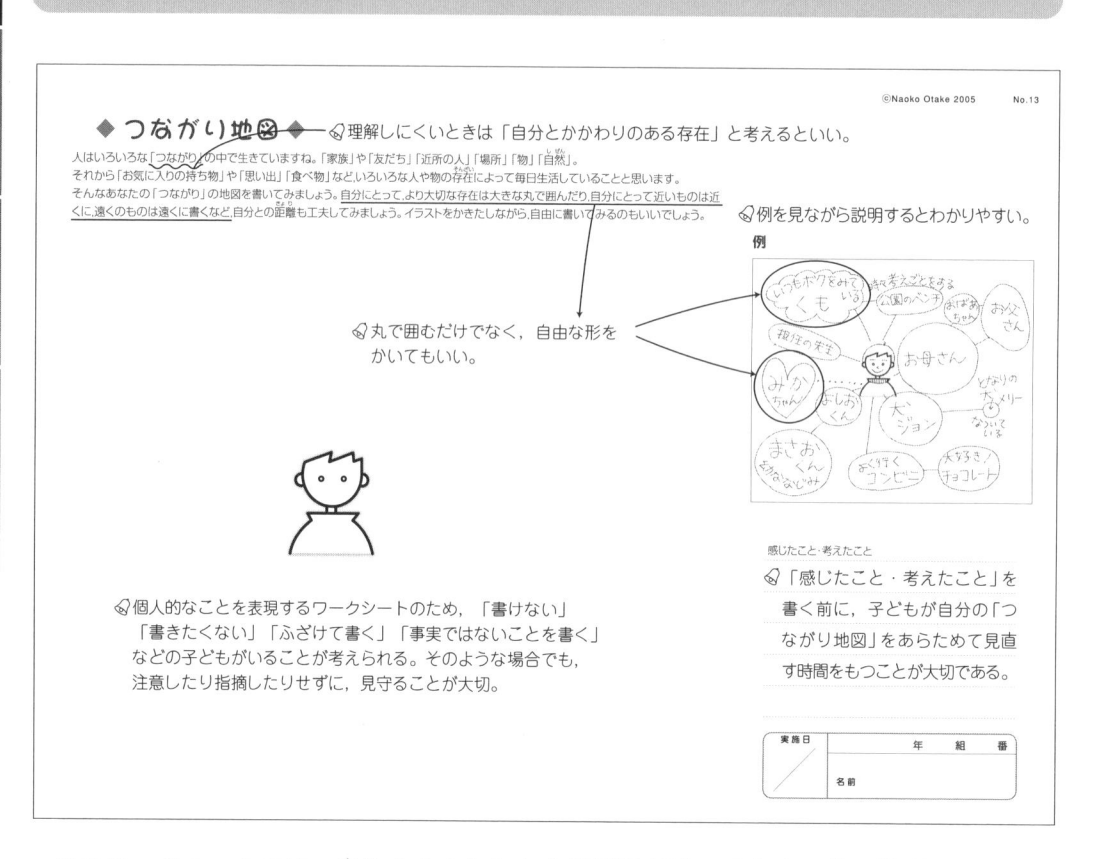

◆ つながり地図 ◆　　理解しにくいときは「自分とかかわりのある存在」と考えるといい。

人はいろいろな「つながり」の中で生きていますね。「家族」や「友だち」「近所の人」「場所」「物」「自然」、それから「お気に入りの持ち物」や「思い出」「食べ物」などいろいろな人や物の存在によって毎日生活していることと思います。そんなあなたの「つながり」の地図を書いてみましょう。自分にとって、より大切な存在は大きな丸で囲んだり、自分にとって近いものは近くに、遠くのものは遠くに書くなど、自分との距離も工夫してみましょう。イラストをかきたしながら、自由に書いてみるのもいいでしょう。

例を見ながら説明するとわかりやすい。

丸で囲むだけでなく、自由な形をかいてもいい。

個人的なことを表現するワークシートのため、「書けない」「書きたくない」「ふざけて書く」「事実ではないことを書く」などの子どもがいることが考えられる。そのような場合でも、注意したり指摘したりせずに、見守ることが大切。

「感じたこと・考えたこと」を書く前に、子どもが自分の「つながり地図」をあらためて見直す時間をもつことが大切である。

実施日　　年　組　番　名前

このワークシートでは、自分を中心とした人間関係だけではなく、物や場所などふだんの生活の中での「つながり」を振り返り、表現していきます。このような作業をとおして、①「自分は、つながりの中で生きている」「自分はつながりの中の一部である」と実感し、②自分のネットワークを再認識すること。それによって、③こころの安定を図ること、がねらいです。このようなことは、自己肯定感を育てることにもつながります。

▶進め方

導入 子どもたちの気持ちが落ち着いているのを確認後,導入文を読む。「つながりという言葉がわかりにくい場合は,『自分とかかわりがあるもの』『自分の生活の中にいつも登場するもの』と考えましょう」と伝えてもいい。(例を読みながら伝えると,よりわかりやすい。)また,「中央のイラストは『自分』になります。顔の表情や髪形なども書いてみてくださいね」と伝える。記入後,シェアリングをする場合は,その旨を伝える。

展開 子どもたちが安心・集中して書けるように,静かに見守る。終わり近くになったら「もう一度,自分の書いたものを見てみよう。『自分の"つながり"はこんな感じかな?』と確認してみよう」と呼びかける。

まとめ シェアリングをする場合……「友達の書いたものを悪く言ったり,からかったりしないこと」を伝える。シェアリング後,感想を書く。
シェアリングをしない場合……感想を書く。

▶実践エピソード

　中学2年生のトオル(仮名)は,たいていいつも一人でいる,口数の少ない,内向的な子どもです。トオルのクラスでこのワークを実施してもらいました。シェアリングのとき,トオルのグループの子どもたちは,トオルのワークシートを見て驚いていたそうです。インターネット,好きなマンガ,好きなアーティスト,塾での人間関係,ペットの犬など。こうしたトオルの「つながり」は,子どもたちの知らないトオルの一面だったのです。「オマエ,パソコンできんの?! スゲー!」「私も○○の音楽好き! 新曲聞いた?」など,子どもたちは,このワークシートをきっかけに,トオルに話しかけ始めました。トオルの「つながり地図」は,クラスの友達との「つながり」を作るきっかけになったようです。

▶「こんな書き込み」「こんな様子」への対応

実際の「つながり」とは違う内容が書かれている場合 実際と違うつながりを書いたり,人や物など,偏ったつながりを書く子どももいます。しかし,子どものこころの中では,それが大切なつながりの部分なのでしょう。そのまま受け止めます。

自分(中央のイラスト)を書くことに時間をかけている場合 思春期の子どもたちは「自分」という存在にこだわりをもち始めています。「自分」を表現することに時間をかけている場合は,「そこは簡単でいいよ」などと指摘せず,それを大切に見守りましょう。

こんなときにピッタリ! 朝自習の時間に。ホームルームで。道徳の時間に。保健室・別室登校の子どもに。カウンセリング・ルームで。ご家庭で。

第2章　ワークシートの使い方

No.14

クラスの中の自分

諸富祥彦の「このシート,ここがオススメ！」

このワークは，クラスの友達一人一人の「いいところ」「もち味」を発見し，分かち合うことで，ポジティブなあたたかい学級づくりに役立てるものです。「いいところ」が先に示されているので，子どもたちは友達の名前を書くだけでいいのです。言葉での表現が苦手な子どもでも，取り組みやすいワークです。

このワークシートにある42の言葉は，すべて異なる，プラスのメッセージです。こうした言葉を見ながら，①自分やクラスの友達のパーソナリティをあらためて振り返り，表現することで，②一人一人の長所やもち味を確認し，③一人一人違った存在であることに気づくこと。最後に，友達のさまざまな筆跡で書かれた「自分の名前」を手にすることで，④「自分はクラスの一員である」と実感できること，がねらいです。

▶進め方

導入 　子どもたちの気持ちが落ち着いているのを確認後，導入文を読む。記入後，シェアリングをすることを伝える。①「この中のどれかに，まず，自分の名前を書いてみよう」と呼びかけ，子どもに自分の名前を書かせる。②「今度は，クラスの友達全員の名前を，一人ずつこの中に書いてみよう」と呼びかける。

展開 　子どもたちが安心・集中して書けるように，静かに見守る。終わり近くになったら，「もう一度，自分の書いたものを見てみよう。『自分の名前とみんなの名前を思うところに書けたかな？』と確認してみよう」と呼びかける。

まとめ 　ワークシートの線に沿って切り離し，書いた名前の人に渡す。別紙，もしくはワークシートをもう1枚配付し，それに友達からもらった「自分の名前」が書かれた紙を並べ，のりで貼る。グループでシェアリングし，感想を書く。

＊すすめ方・シェアリングについて……クラス全員の名前を書く時間がない場合は，クラスを半分に分け，その中の友達について書いていくやり方もある。また，シェアリングについては，自分のワークシートを机に置いたまま，全員が見て歩くという方法や，「切り離して友達に手渡す」過程を略し，グループでシェアリングをするだけの方法もある。

▶実践エピソード

　小学6年生のカズヤ（仮名）は，授業中に大声を出し，じっと座っていられない子どもです。そのクラスで実践してもらったところ，子どもたちが小さい声で「カズヤのいいところって何？」（シートの言葉を探しながら）「ストレスをためない人？」「そうとも言える！」と話していたそうです。担任の先生は，カズヤ自身も周りの子どもたちも，カズヤの個性が「いいところ」としてとらえられる機会になったのではないかと話してくれました。

　子どもたちの感想で多かったのは，「人によって『自分』への見方が違うことがわかった」「自分で思う『自分』とは，ちょっと違っていてビックリした」などがありました。また，子どもたちにとっては，クラスの友達の字で書いた「自分の名前」を手にするのが初めての経験で，それがとてもうれしかったようです。

▶「こんな書き込み」「こんな様子」への対応

[1つの枠に2人の名前を書きたい場合]　大切なのは，クラス全員の名前を入れることです。使わない「○○の人」の「○○」を訂正し，友達の名前を書かせましょう。

こんなときにピッタリ！　ホームルームの時間に。泊まり学習で。保健室・別室登校の子どもたち同士で。カウンセリング・ルームでの子ども同士で。

第2章　ワークシートの使い方

No.15

いのちのつながり

諸富祥彦の「このシート,ここがオススメ！」

「いのちの重さ」を実感できないための，悲惨な事件が繰り返されています。あるクラスでは，半分以上の子どもが「人間は死んでもよみがえる」と答えたといいます。「いのちはすべてつながっている」「自分のいのちは，大きないのちのつながりの一部である」ことを実感してほしいと願い，このワークは作られました。

◆ **いのちのつながり** ◆ 　「いのちのつながり」は「血のつながり」という意味ではないことを伝える。

私たちはいま，どのようにしてここに生きているのでしょう。お父さんとお母さんがいたから，生まれてきました。おじいさん，おばあさん，そのまたおじいさん，おばあさん……。ご先祖の1人が存在しなくても私たちは存在しなかったかもしれません。また，毎日の生活も，太陽があって，空気があって，土や水があって，牛や豚や魚などの生き物や野菜などの食べ物があって，私たちは生きることができます。また，地球や宇宙の存在があって「私はここに存在していられる」と考える人もいるかもしれません。神さまとか，仏さまや宇宙が「私を生かしてくださっている」と考える人もいるかもしれません。こんなふうに，私たち一人一人は「いのちのつながり」があって，いま，生きていることができるのです。
そっと目を閉じて，「私のいのちとつながっているものは何だろう?」と自分に問いかけてみましょう。
うかんできたものを自由に書いてみましょう。

　「家族とのつながり」を認めたくない子どもや，表現したくない子どももいる。「家族」を含め，いろいろな「つながり」を断定しないほうがいい。

このワークシートは「こうでなければならない」というものではない。例にとらわれず，自由に，自分の中に浮かんできたものを大切にして書けるよう，導入の際に伝えるのもいい。

　「いのちのつながり」を感じられないような子どもがいた場合，「書くようにうながす」ようなかかわり方は控える。

感じたこと・考えたこと
　この欄に否定的な気持ちや感想を書いた子どもには，「いのちを軽視している」と決めつけず，時間をかけて共に感じ，考えていく機会をもつことが望ましい。

　私たちは，「自分のいのちは自分のもの」と考えがちではないでしょうか。両親や先祖がいたからこそ「自分」が存在し，肉や魚，野菜など多くの「いのち」をいただいて，「自分」は生きることができます。①1つのいのちは，多くのいのちと「つながる」ことで存在していることに気づき，②つながりの中の自分を実感すること。それにより，③すべてのいのちの尊さを実感し，大切にするこころを育むこと，がこのワークシートのねらいです。

ワークシートの出典……『中学校　こころを育てる授業ベスト22』（諸富祥彦編，図書文化社）の19−26ページ（池永美子子著），『「生きる自信」の心理学』（岡野守也著，PHP新書）を参考にした。

▶ 進め方

導入 　子どもたちの気持ちが落ち着いているのを確認後，導入文を読む。例を見ながら，「いのちのつながり」とは，実際に血がつながっている，という意味ではないことを伝える。「自分がつながっているように感じるものを，自由に書いてみよう」と呼びかける。記入後，シェアリングをする場合は，その旨を伝える。

展開 　子どもたちが安心・集中して書けるように，静かに見守る。終わり近くになったら「もう一度，自分の書いたものを見てみよう。『自分のいのちとつながっているものはこんな感じかな？』と確認してみよう」と呼びかける。

まとめ 　シェアリングをする場合……「友達の書いたものを悪く言ったり，からかったりしないこと」を伝える。シェアリング後，感想を書く。
シェアリングをしない場合……感想を書く。

▶ 実践エピソード

　中学3年生のミキ（仮名）は，「死んでしまいたい」「だれかに殺してほしい」と，カウンセリング・ルームで語りました。後日，ミキにこのワークシートをやってもらったところ，シートには，家族，ペットのネコ，好きな歌手を書き，「ネコね，私が拾ってきたの。私が拾わなかったら死んでいたかもしれないよね？」「○○の歌はね，私が思っているけど言えないことを歌で歌ってくれている。私が歌の中で生きているみたい」と話してくれました。書き終わったシートを見ながら「自分のいのちって思うと，すごく重い。きらいな自分が生きているのが許せないから。でも，このいのちが自分だけのものではないって思うと楽になる」と話してくれました。「自分のいのち」は大切に思えないけれど，いのちがつながっていると思うことで，「いのちの支え」を実感したのだろうと思います。

▶ 「こんな書き込み」「こんな様子」への対応

つながりの中に「家族」を書かない場合 　子どもの中には「家族」を書かない子ども，「家族とは血はつながっているけど，いのちはつながっていない」と言う子どもがいます。そのときの子どもの気持ちによって，「家族」とのつながりが実感できない場合もあるでしょう。また「家族を書かないこと」が，一つの表現ということもあるでしょう。その場合は，その子どものこころを分析的に理解しようとするのはやめます。説明を求めずに，そのまま見守りたいものです。このワークで大切なことは，「自分のいのちとつながっている」と感じられる存在に気づき，表現し，実感することです。

> **こんなときにピッタリ！** 　道徳の時間や国語の時間などに（「いのちの大切さ」などの単元を学習後に，補足の教材として）。ホームルームで。不登校の子どもに。保健室・別室登校の子どもに。カウンセリング・ルームで。ご家庭で。

※子どもの肉親に不幸があったときや家族がトラブルを抱えているときは実施を控える。

第2章 ワークシートの使い方

No.16

相手も自分も大切にした言葉で伝えよう

> **諸富祥彦の「このシート,ここがオススメ！」**
>
> このワークは「アサーション・トレーニング」（自分も相手も大切にしたさわやかな自己表現）の考えに基づいたものです。①耐えるだけでもなく，②ブチ切れて相手を傷つけるでもなく，どうすれば，③相手を傷つけることなく自分の思いを伝えられるか。自他尊重の人間関係スキルを獲得させるのに，格好のワークです。

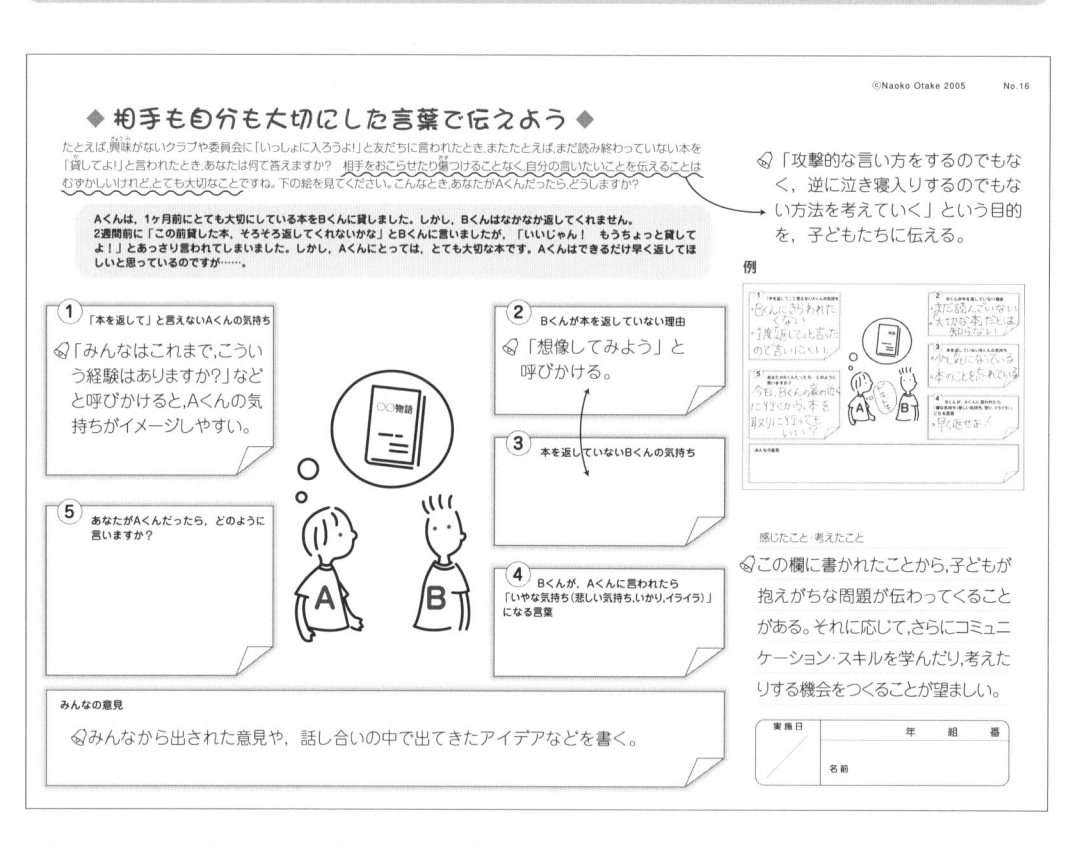

相手も自分も大切にした自己表現を「アサーション」といいます。どのように自分の気持ちを伝えたらいいのかわからず，相手を責めたてたり，逆に泣き寝入りをして，学校生活の中でストレスをためている子どももいるでしょう。このシートでは，①AくんとBくんの気持ちを想像し，表現すること，シェアリングや適切な言い方を友達と検討することを通して，②アサーティヴな表現を身につけ，③人間関係に役立てること，がねらいです。

ワークシートの出典……『学校現場で使えるカウンセリング・テクニック上　育てるカウンセリング編』(諸富祥彦著，誠信書房)，158－170ページを参考にした。

▶進め方

導入 子どもたちの気持ちが落ち着いているのを確認後,「みなさんは,だれかに伝えたいことがあるとき,言いたい気持ちばかりが先立って,一方的に自分の気持ちを言ってしまったことはありませんか? 逆に『こんなことを言ったらきらわれるんじゃないかな,怒らせちゃうかな』などと思い,言いたいことが言えないことはありませんか? そんなとき,もしも相手を傷つけずに,自分の気持ちを伝えることができたらどうだろう? 今日はみんなで考えてみましょう」と目的を伝えてから,ワークシートの導入文を読む。記入後,シェアリングをすることを伝える。

展開 ①〜⑤まで時間を区切って,全体で進んでいくようにする。子どもがイメージしやすいように,例えば①であれば「こんな経験はありませんか? だれかに『返して』とか『〜しようよ』などと言えないときって,どんな気持ちのときかな?」などと問いかけるのもいい。①〜⑤まで書き終わったら「もう一度,自分の書いたものを見てみよう。『これでいいかな?』と確認してみよう」と呼びかける。

まとめ グループに分かれてシェアリングをする。「友達の書いたものを悪く言ったり,からかったりしないこと」を伝える。その後,⑤「あなたがAくんだったら,どのように言いますか」について,グループで意見をまとめ,「みんなの意見」に書くように伝える。時間があれば,グループごとに発表してもらい,先生が黒板に意見をまとめていく。その際,子どもたちの意見の共通点(例えば「申し訳ないけれど」や「ありがとう」などの言葉を添えることが,大切みたいですね)などを明確化し,子どもたちに伝えるといい。その後,一人ずつ感想を書く。

▶実践エピソード

子どもたちは,Aくん・Bくんの立場とも,少なからず経験があるようです。日ごろあまり自己主張できない子どもたちが,「Aくん・Bくんの気持ち」として,自分の気持ちを表現し始めました。そして「AくんはBくんに『返して』と言えないのだから,Cくんに本を貸す約束をして,Cくんから『早くオレに本をまわせよ』と言ってもらったらいいよ」「本を貸すときに『○日までに返してね』と言ったらいい」など,アサーティヴな表現を見つけるにとどまらず,「なるほど!」とうなってしまうような工夫も子どもたちから出されました。

感想には「役に立った」「もっとこういう方法を教えてほしい」などがありました。

> **こんなときにピッタリ!** ホームルームの時間に。国語(表現)の時間に。別室登校・保健室登校の子どもに。カウンセリング・ルームで。人間関係でトラブルを起こしがちな子どもへのサポートに。

第2章　ワークシートの使い方

こころのお天気

No.17

諸富祥彦の「このシート,ここがオススメ！」

「あなたはいま，どんな気持ち？」と問われて，スラスラと答えられる人は少ないはず。答えにつまってしまう人が多いでしょう。その点，このワークのように「お天気で表現する」という限定をつけると，意外と「いまの自分の気持ち」を表現しやすいものです。最初にやってみるのに，おすすめのワークです。

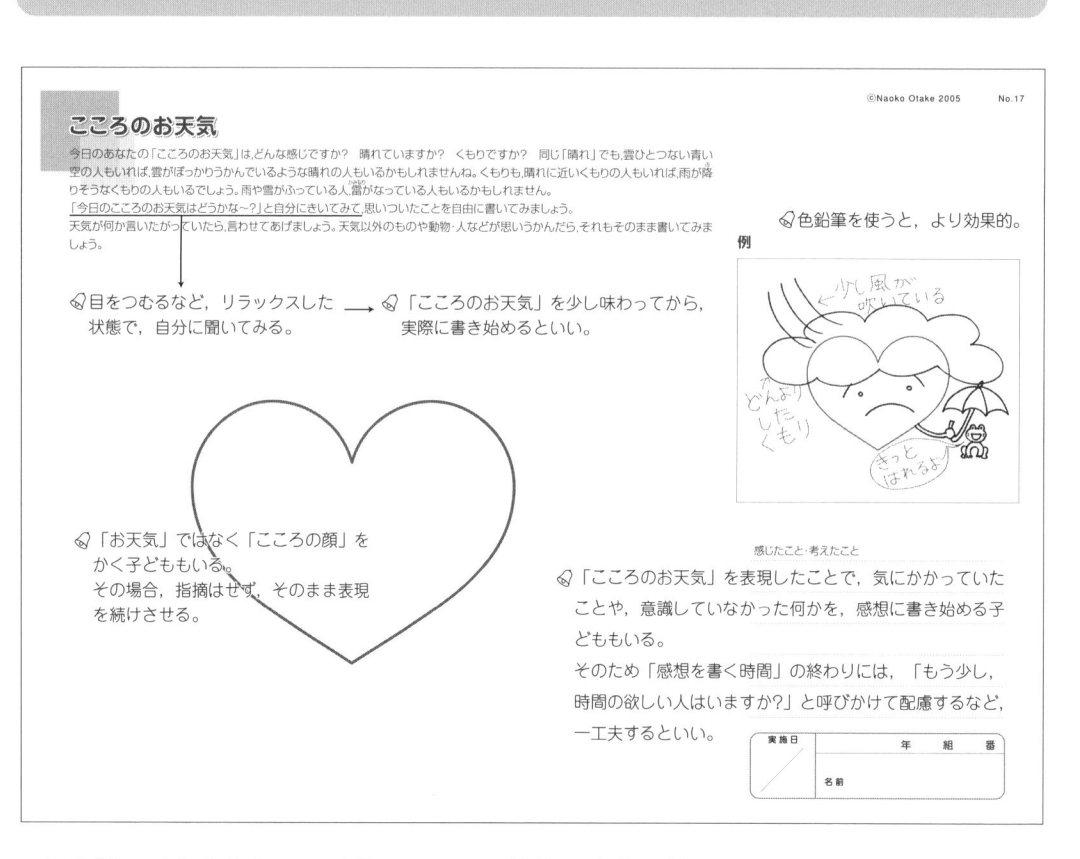

こころのお天気

今日のあなたの「こころのお天気」は，どんな感じですか？　晴れていますか？　くもりですか？　同じ「晴れ」でも，雲ひとつない青い空の人もいれば，雲がぽっかりうかんでいるような晴れの人もいるかもしれませんね。くもりも，晴れに近いくもりの人もいれば，雨が降りそうなくもりの人もいるでしょう。雨や雪がふっている人，雷がなっている人もいるかもしれません。
「今日のこころのお天気はどんなかな～？」と自分にきいてみて，思いついたことを自由に書いてみましょう。
天気が何か言いたがっていたら，言わせてあげましょう。天気以外のものや動物・人などが思いうかんだら，それもそのまま書いてみましょう。

- 目をつむるなど，リラックスした状態で，自分に聞いてみる。
- 「こころのお天気」を少し味わってから，実際に書き始めるといい。
- 色鉛筆を使うと，より効果的。

- 「お天気」ではなく「こころの顔」をかく子どももいる。その場合，指摘せず，そのまま表現を続けさせる。

- 「こころのお天気」を表現したことで，気にかかっていたことや，意識していなかった何かを，感想に書き始める子どももいる。
そのため「感想を書く時間」の終わりには，「もう少し，時間の欲しい人はいますか？」と呼びかけて配慮するなど，一工夫するといい。

　思春期の子どもたちは，言葉にならない複雑な感情を抱えています。「何を悩んでいるの？」「最近はどうなの？」などときかれても，どう表現していいのかわからず，「別に」と答えたり，黙ってしまうこともあるでしょう。しかし，「こころのお天気」にたとえることで，言葉にならない感情や，こころの様相を表現しやすくなります。ねらいは，①安心して自分の気持ちに注意をむけ，②言葉になりにくい気持ちを表現すること，です。

▶ 進め方

導入 　子どもたちの気持ちが落ち着いているのを確認後，導入文を読む。「みなさんのこころのお天気はどうかな？ いまの気持ちをお天気にたとえると，どんな感じかな？ 色鉛筆を持っている人は，それを使って書いてもいいですね。自分の気持ちを確かめながら，思いつくまま自由に書いてみよう」と呼びかける。シェアリングをする場合は，その旨を伝える。

展開 　子どもたちが安心・集中して書けるように，静かに見守る。終わり近くになったら「もう一度，自分の書いたものを見てみよう。私のこころのお天気は，こんな感じかな？ と確認してみよう」と呼びかける。

まとめ 　シェアリングをする場合……「友達の書いたものを悪く言ったり，からかったりしない」「友達のシートを見て，くもりの理由や雨の理由などは問いたださないこと」を伝える。シェアリング後，感想を書く。
　シェアリングをしない場合……感想を書く。

▶ 実践エピソード

　中学1年生の女子6人が，カウンセリング・ルームにやってきました。「何かしたーい！」と言うので「こころのお天気」を描いてもらいました。子どもたちの様子を見ていると，「天気」が擬人化しています。太陽や雲が，笑ったり泣いたりしています。また，ザーザーと降る雨の横に「傘」を描き，傘の下には一休みしている「カエル」が登場し，天気からマンガのように吹き出しが出て「いつかきっと晴れるよ〜」などと書き込む子どももいます。「こころのお天気」を描いているうちに，自分の内側にある気持ちが「傘」や「カエル」となり，新たに浮かんできた言葉を，メッセージとして書き込みたくなったのでしょう。そうすることで，自分との対話が深まっているようでした。

▶ 「こんな書き込み」「こんな様子」への対応

黒くぬりつぶす子どもの場合 　これも一つの表現です。「黒い雲でこころが覆われている」感じなのかもしれません。子どもが描いている最中は，そのまま見守りましょう。

こころにナイフを刺す子どもの場合 　子どもによっては「傷ついているこころ」をかなり過激に表現することがあります。フォローが必要な場合は，シートとは関係のない形で「最近，元気がないように見えるけれど……」などと声をかけるほうがいいでしょう。

> **こんなときにピッタリ！** 　朝自習の時間に。ホームルームで。保健室・別室登校の子どもに。不登校の子どもに。カウンセリング・ルームで。ご家庭で。自己表現の苦手な子どもに。

第2章 ワークシートの使い方

No.18

こころの中の小さなさけび

諸富祥彦の「このシート,ここがオススメ!」

このワークは,ハコミセラピーのプローブという技法をもとにしたものです。このワークを経験すると,自分のこころが「何によって傷つけられているのか」「どんな満たされなさを感じているのか」に気づくことができます。まずは校内研修で,先生方ご自身で試してみてください。結構,グッときますよ。

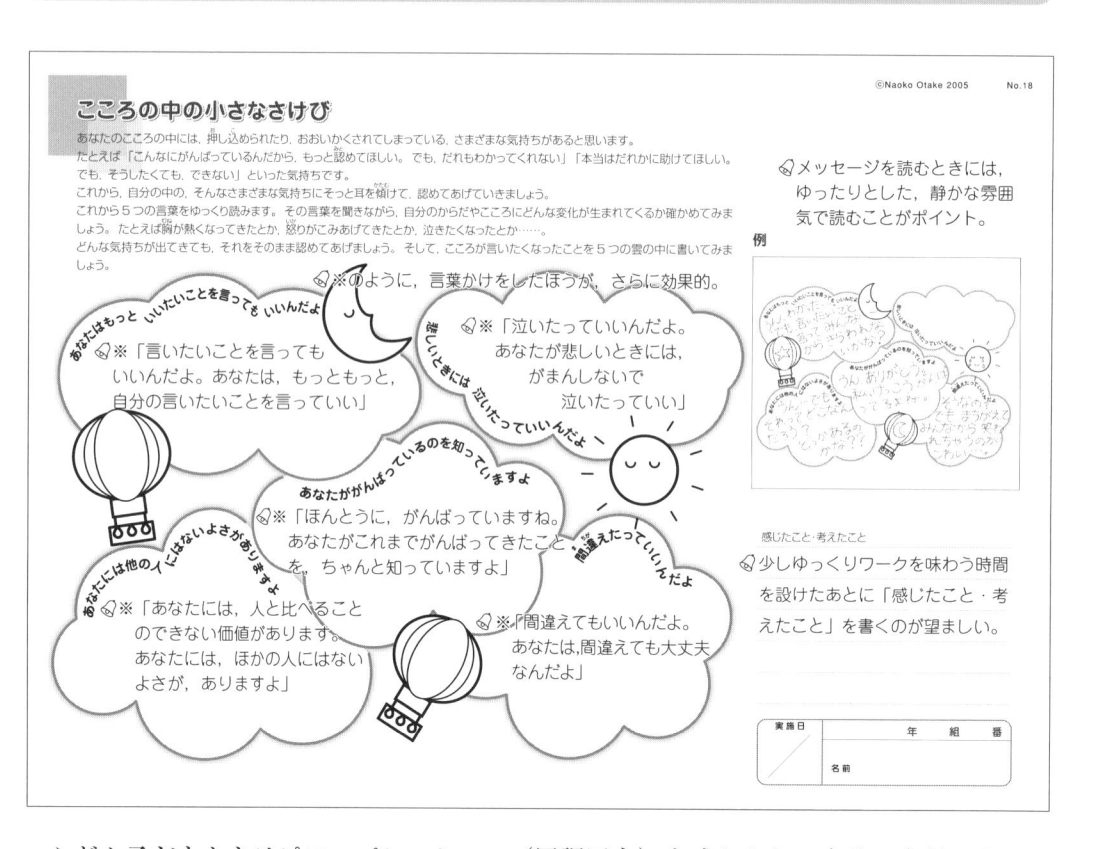

ふだん子どもたちはピア・プレッシャー（同調圧力）を感じたり,自分に自信がもてないまま不安やプレッシャーを感じています。同時にそういう自分に対する「いたわりの言葉」をかけてもらうことがほとんどありません。自分への問いかけ（いたわりの言葉）を聞くことで,①自分のからだやこころがどんな反応をするのかを感じ,それを②表現し,③自分のこころの声を聞くこと,がこのワークシートのねらいです。

ワークシートの出典……『トランスパーソナル心理学入門』(諸富祥彦著,講談社),144－147ページを参考にした。

▶ **進め方**

| 導入 | 子どもたちの気持ちが落ち着いていること，からだに注意が向けられるようにリラックスしていることを確認後，導入文を読む。教室で実施するときには「これから，先生が5つの文をゆっくり読みます。その言葉を聞きながら，自分のからだやこころにどんな変化が生まれてくるか，確かめてください。目をつぶったほうがいい人は，そうするのもいいでしょう。おだやかな気持ちで，何かの変化が生まれてくるのを待ちましょう」と呼びかける。 |

| 展開 | ゆっくり，はっきり，やさしく，こころを込めて言葉を読む。1つの言葉を3回ずつ繰り返し読む。5つの言葉を読み終わったら，子どもたちに「ワークシートに，言葉を聞いているときにどんな感じがしたか，どんな変化が生まれてきたかを書いてみましょう。5つ全部書いてもいいし，とくにこころに響いてきた言葉だけを書いてもいいです。イメージや色などが浮かんできた人は，それを書くのもいいですね。胸の辺りがあったかくなった，などからだの感じを書くのもいいですね。いま，感じていることを，メモするような気持ちで書いてみましょう」と伝える。子どもが安心・集中して書けるように，静かに見守る。終わり近くになったら「もう一度，自分の書いたものを見てみよう。『自分の気持ちはこんな感じかな？』と確認してみよう」と呼びかける。 |

| まとめ | 感想を書く。 |

＊留意点……個人的な思いが表れやすいワークシートなので，シェアリングをするのはむずかしいと思われます。いっぽう，別室登校や保健室などの子どもと実施する場合は，子どもが望めば，それについて先生と話し合うこともいいでしょう。

▶ **実践エピソード**

　子どもたちの感想には「いろいろな気持ちがわいてきました。言葉でからだが反応するのを初めて感じました」「お母さんや，先生や，友達が，こんなふうに言ってくれたら，私は毎日がとても楽しくなるのになぁと思った」などの感想がありました。

▶ **「こんな書き込み」「こんな様子」への対応**

| 笑い出す子どもがいる場合 | 「思わず笑う」ことも1つの反応です。「笑いたくなる人は，笑いたくなる気持ちを書いてみましょう。ただ，静かに聞きたい人もいると思いますので，声を出して笑うのは，ちょっと待っててね」と否定をせずに伝えることが大切です。

こんなときにピッタリ！　ホームルームの時間に。保健室・別室登校の子どもに。カウンセリング・ルームで。不登校の子ども・ご家庭で（保護者の方が読んであげてください）。保護者会や家庭教育学級で。

第2章　ワークシートの使い方

どんな「こころの虫」が住んでいる？

No.19

諸富祥彦の「このシート,ここがオススメ！」

いつもイライラしたり，ムカついている子どもが増えています。そうしたいまの子どもたちに必要なもの，それはストレス・マネジメント。このワークシートは，ソリューション・フォーカスト・アプローチ（解決志向アプローチ）の考えに基づいたものです。まず，先生ご自身も，自分の「こころの虫」を見つけてみましょう。

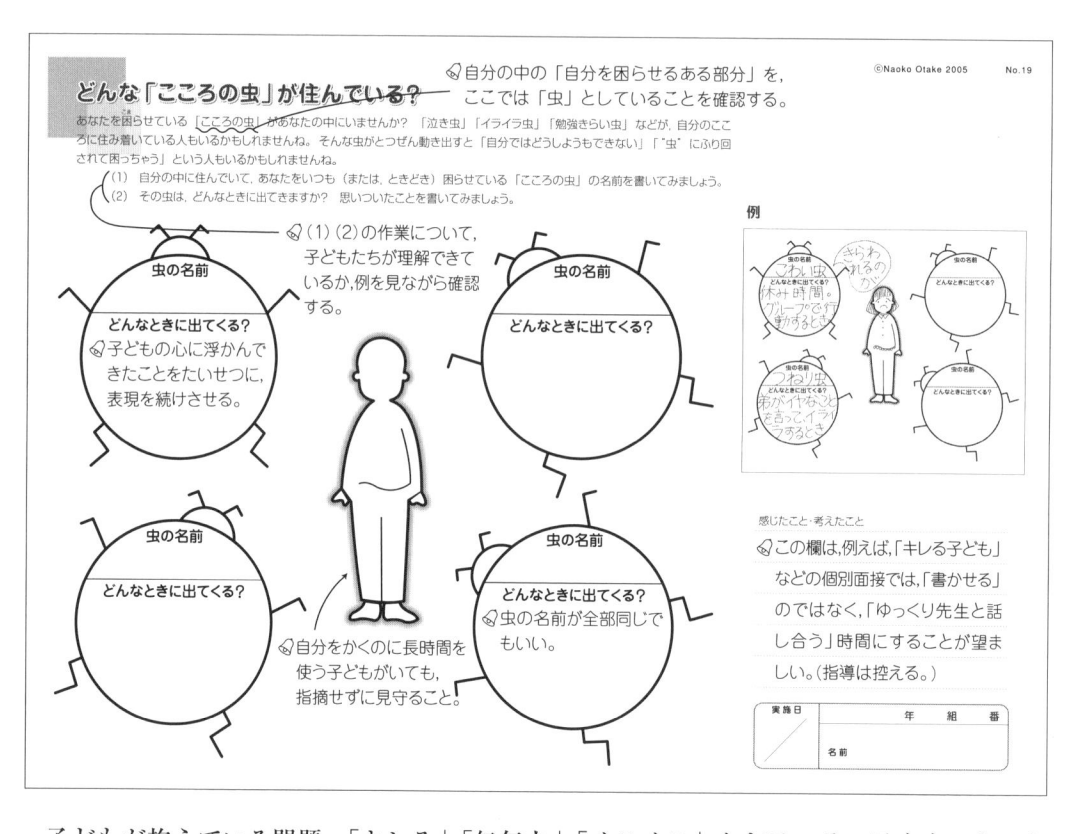

　子どもが抱えている問題，「キレる」「無気力」「イライラ」などは，その子自身にも，どうすることもできないことがあります。そしてそれが，子どもの「自己肯定感の低下」を招くこともあるのです。このワークシートでは，①自分を困らせている自分の一部分を「〇〇虫」と呼ぶことで，②自分自身との「間」をつくること。そうすることで，③その部分とうまくつき合えるようになること，がねらいです。

ワークシートの出典……『家族としての物語』（M・ホワイト著，金剛出版），『指導援助に役立つスクールカウンセラー・ワークブック』（黒沢幸子著，金子書房）

▶ 進め方

導入 子どもたちの気持ちが落ち着いているのを確認後，導入文を読む。例のように，自由にイラストを書き足してもいいことを伝える。

展開 子どもたちが安心・集中して書けるように，静かに見守る。終わり近くになったら「もう一度，自分の書いたものを見てみよう。『自分の中に住んでいる虫は，こんな感じかな？ 虫が出てくるときは，こんな感じかな？』と確認してみよう」と呼びかける。

まとめ 感想を書く。

＊留意点……個人的な思いが表れやすいワークシートなので，シェアリングをするのはむずかしいと思われます。いっぽう，別室登校や保健室などの子どもと実施する場合は，子どもが望めば，それについて先生と話し合うこともいいでしょう。

▶ 実践エピソード

　中学1年生のタロウ（仮名）は，いつものように教室で暴れたあと，カウンセリング・ルームに連れてこられました。しだいに落ち着きを取り戻すと，「またやっちゃった」と言いました。「タロウくんも困っているんだね。自分の中に『こころの虫』がついちゃうと，自分ではどうしようもできない……，そんな感じかな？」とこのシートを見せたところ，タロウは話し始めました。

　タロウの中には，たくさんの「キレ虫」が住んでいるそうです。その虫は「まるでモンスターのようだ」と言います。虫がどんなときに出てくるのかは「わからない」としながらも，「この虫は怒って『バカにすんなよ』と言っている」などと話してくれました。タロウはこのとき，初めて自分の中にいる「虫」の声を聞いたのかもしれません。タロウが虫との対話をすることで，虫とうまくつき合えるといいな，と感じました。

▶「こんな書き込み」「こんな様子」への対応

感情的（攻撃的）に書かれている場合 ふだん，「こころの虫」に困っている子どもが，感情的になって，虫について書く場合があります。ワークシートだけでは，その思いを表現しきれないのかもしれません。実際に「虫」に困らされている場面をとらえ，ゆっくりと話を聞く機会が必要でしょう。その子どもの行動を責めることなく，「困っているんだね」という視点で子どもの話に耳をかたむけましょう。

こんなときにピッタリ！ 朝自習の時間に。ホームルームで。イライラしている子ども，荒れる子どもへのサポートに。不登校の子どもに。保健室・別室登校の子どもに。カウンセリング・ルームで。ご家庭で。校内研修会で。家庭教育学級で。

第2章　ワークシートの使い方

No.20

見守ってくれているもの

諸富祥彦の「このシート,ここがオススメ！」

こころが傷ついた子どもは，自分がこの世界で一人ぼっちのように感じます。このワークシートでは，自分を絶えず見守ってくれているもの（星，月，大木，雲，まくらなど）を思い浮かべ，それと対話をすることで，「どんなに一人ぼっちのように見えても，決して自分は一人ではない」という，大きな安心感を得られます。

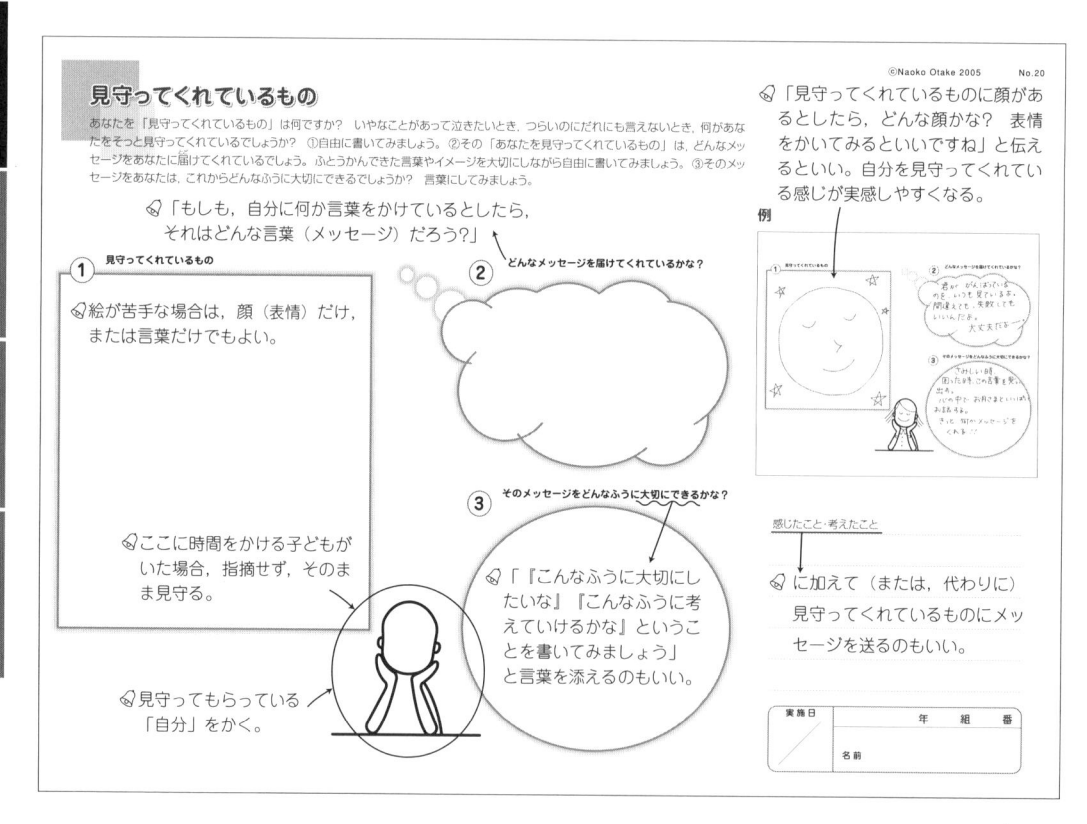

見守ってくれているもの

あなたを「見守ってくれているもの」は何ですか？　いやなことがあって泣きたいとき，つらいのにだれにも言えないとき，何があなたをそっと見守ってくれているでしょうか？　①自由に書いてみましょう。②その「あなたを見守ってくれているもの」は，どんなメッセージをあなたに届けてくれているでしょう。ふとうかんできた言葉やイメージを大切にしながら自由に書いてみましょう。③そのメッセージをあなたは，これからどんなふうに大切にできるでしょうか？　言葉にしてみましょう。

① 見守ってくれているもの
「もしも，自分に何か言葉をかけているとしたら，それはどんな言葉（メッセージ）だろう？」

② どんなメッセージを届けてくれているかな？

③ そのメッセージをどんなふうに大切にできるかな？

- 絵が苦手な場合は，顔（表情）だけ，または言葉だけでもよい。
- ここに時間をかける子どもがいた場合，指摘せず，そのまま見守る。
- 見守ってもらっている「自分」をかく。
- 「『こんなふうに大切にしたいな』『こんなふうに考えていけるかな』ということを書いてみましょう」と言葉を添えるのもよい。
- 「見守ってくれているものに顔があるとしたら，どんな顔かな？　表情をかいてみるといいですね」と伝えるといい。自分を見守ってくれている感じが実感しやすくなる。

例

感じたこと・考えたこと
- に加えて（または，代わりに）見守ってくれているものにメッセージを送るのもいい。

実施日　　年　組　番
名前

©Naoko Otake 2005　No.20

どんなときも自分を見守ってくれている存在。それは「いい子の自分」「がんばっている自分」ばかりでなく，どんなときも自分を見守ってくれている存在です。①そうした存在に気づき，いつも心に留めておくことで，②子どもが安心感と自己肯定感を得る。これがこのワークシートのねらいです。「見守ってくれているもの」（＝人間を超えたもの）の存在を感じることで，安心して自分のこころの声と対話することができるのです。

ワークシートの出典……『中学校　こころを育てる授業ベスト22』（諸富祥彦編，図書文化社），の185－194ページ（佐々木祐子著）

▶ 進め方

導入 子どもたちの気持ちが落ち着いているのを確認後，導入文を読む。「いままで生きてきた中で，自分のことを『いつも見守ってくれていたもの』があると思います。それは何だろう？ その存在の顔や表情が浮かんできた人がいたら，それを書いてみるのもいいですね」と呼びかける。シェアリングをする場合は，その旨を伝える。

展開 子どもたちが安心・集中して書けるように，静かに見守る。終わり近くになったら「もう一度，自分の書いたものを見てみよう。『自分の思いが表現できたかな？』と確認してみよう」と呼びかける。

まとめ シェアリングをする場合……「友達の書いたものを悪く言ったり，からかったりしないこと」を伝える。シェアリング後，感想を書く。
シェアリングをしない場合……感想を書く。

▶ 実践エピソード

「学校が嫌い」なヒロミ（仮名）は，自分からこのワークシートに取り組みました。「見守ってくれているもの」には「チュチュ」という名前とねずみの絵を描きました。小さなマスコットだそうです。

「チュチュは夢に出てきたこともあるんだよ」とヒロミは言いました。チュチュが届けてくれるメッセージの欄には「困っていたら必ず助けるよ」「大丈夫！ そんなときはチーズを食べれば元気になるよ」と書きました。「そのメッセージをどんなふうに大切にできるかな？」という問いには，「チュチュが助けてくれることや，チーズを食べれば元気になることを忘れないようにする」と書きました。

後日，ヒロミはカウンセリング・ルームに来ると，ポケットからチュチュを出して見せてくれました。「学校に来るのが苦痛」なヒロミは，朝にはチュチュといっしょにチーズを食べ，ポケットにチュチュを入れ，いっしょに登校するそうです。つらいときには，そっとポケットに手を入れてチュチュを触る。「そうすると，ほっとするんだ」と話してくれました。

▶「こんな書き込み」「こんな様子」への対応

「見守ってくれているもの」が思いつかない場合 思いめぐらしている時間を，さえぎらないこと，「自分を見守ってくれているものは？」という問いを，こころに残してあげることが大切です。書けない場合に，「何かあるでしょう？」と問いかけるのはやめましょう。

こんなときにピッタリ！ 朝自習の時間に。ホームルームで。不登校の子どもに。保健室・別室登校の子どもに。カウンセリング・ルームで。ご家庭で。

第2章　ワークシートの使い方

No.21

自分への手紙

諸富祥彦の「このシート,ここがオススメ！」

このワークシートは「自分との対話」の代表的なものです。これまでの自分を振り返り，自分自身に手紙を書くことで，自分を対象化してとらえたり，過去の出来事を意味づけたりすることができます。自分の中の「自分を見る目」や「自分を励ます自分」が育っていきます。

自分への手紙

自分の気持ちや考え，体験したいろいろなことを，すべて言葉にして，だれかに伝えることは，むずかしいですね。あなたがこれまで体験してきたことや感じてきたあなたの気持ちを，いちばんわかっているのは，もしかすると，あなた自身かもしれません。自分のことを何でもよくわかってくれる，そんな自分から自分自身に手紙を書いてみましょう。

○落ち着いて書ける雰囲気をつくることが大切。

○現在の自分，過去の自分，または未来の自分など，どんな自分でもいい。

To ＿＿＿＿＿＿＿＿

○子どもたちの書いた「自分への手紙」を読むときには，表現された気持ちは子どもの気持ちの一部であるととらえること。

○後日，自分への手紙を読み返して，ふりかえりシートを書いたり，「手紙をもらった自分」から「手紙を書いた自分」に短い手紙（メッセージ）を送ることもできる。

From ＿＿＿＿＿＿＿＿

○子どもたちの様子によって別紙の「ふりかえりシート」を利用してもいい。

ふりかえり
1. 自分に手紙を書いて，自分の気持ちに気づいたことがありましたか？
2. 自分へのメッセージを十分に伝えられましたか？
3. 手紙を書き終わってみて，これからどんなことを自分のためにしていきたいと思いますか？
4. 感じたこと・考えたこと

実施日　年　組　番　名前

「自分への手紙」は，子どもの内的事実（内面でとらえている事実）に基づいて書かれます。だからこそ，自分に語りかけることで，①自分の気持ちを整理し，②自分の感情や体験にそって，感じ直すことができるようです。また，手紙の書き手となることで，③「自分を見る自分」の目を養います。「自分を見守っている自分」の存在を感じることで，④子どもたちのこころの中に「自分を支える働き」を育てること，これがねらいです。

▶ 進め方

導入 子どもたちの気持ちが落ち着いているのを確認後，導入文を読む。「いまの自分に手紙を書くのもいいですし，例えば『小学校5年生の私へ』や『悩んでいるときの私へ』などと決めて書くのもいいですね」と伝えるのもいい。

展開 子どもたちが安心・集中して書けるように，静かに見守る。終わり近くになったら「もう一度，自分の書いたものを見てみよう。『自分の思いが表現できたかな？』と確認してみよう」と呼びかける。

まとめ 感想を書く（後日，再度「自分への手紙」を読んで，その後，感想を書くのも効果的）。

＊留意点……個人的な思いが表れやすいワークシートなので，シェアリングをするのはむずかしいと思われます。

▶ 実践エピソード

　中学3年生のヤスコ（仮名）は，「小学校5年生の，いじめられていた私へ」というタイトルをつけて，手紙を書きました。「親友だったキョウコに，まさか裏切られるなんて思わなかったね。お母さんもいつも『キョウコちゃんはいい子ね』と言っていたから，いじめられている自分が悪いんだと思ってしまったんでしょう？　だから，だれにも相談できなかったんだね。毎日，毎日，ほんとうにつらかったね」と書いています。そして「あのつらい体験で，あなたは人を信用できなくなったんじゃない？　でもね，大丈夫。思い切って友達を信用してみなよ。きっといいことあるよ」と，いまの自分に向けてメッセージを書き始めました。

　子どもたちの中には，過去の苦しい体験が表現できずに，ただ「苦しい感じ」「自分を責める気持ち」だけが残り，それが自己肯定感の低下につながっていることがあります。ヤスコはこうした「置き去りになっていた自分の気持ち」を言葉で表現することで，そこから一歩抜け出し，いまの自分にメッセージを送ることができたのだろうと思います。

▶ 「こんな書き込み」「こんな様子」への対応

「おまえなんて，死んでしまえ！」のように否定的なメッセージが書かれている場合 説明を求めたりアドバイスをするのではなく，子どもが気持ちをゆっくり語れるような機会が必要です。

こんなときにピッタリ！ ホームルームで。朝自習の時間で。国語の時間。不登校の子どもに。保健室・別室登校の子どもに。カウンセリング・ルームで。ご家庭で。

第2章 ワークシートの使い方

No.22

魔法使いがやってきた！

諸富祥彦の「このシート,ここがオススメ！」

「何をしたいの」「何がほしいの」とストレートにたずねても,ためらう子どもは多いでしょう。このワークでは,魔法使いに登場してもらい,魔法使いに何をお願いしたいのかを楽しく思い浮かべるうちに,そこに自分の潜在的な願望が投影され（映し出され）ます。楽しんでいるうちに,気づきを得られるお得なワークです。

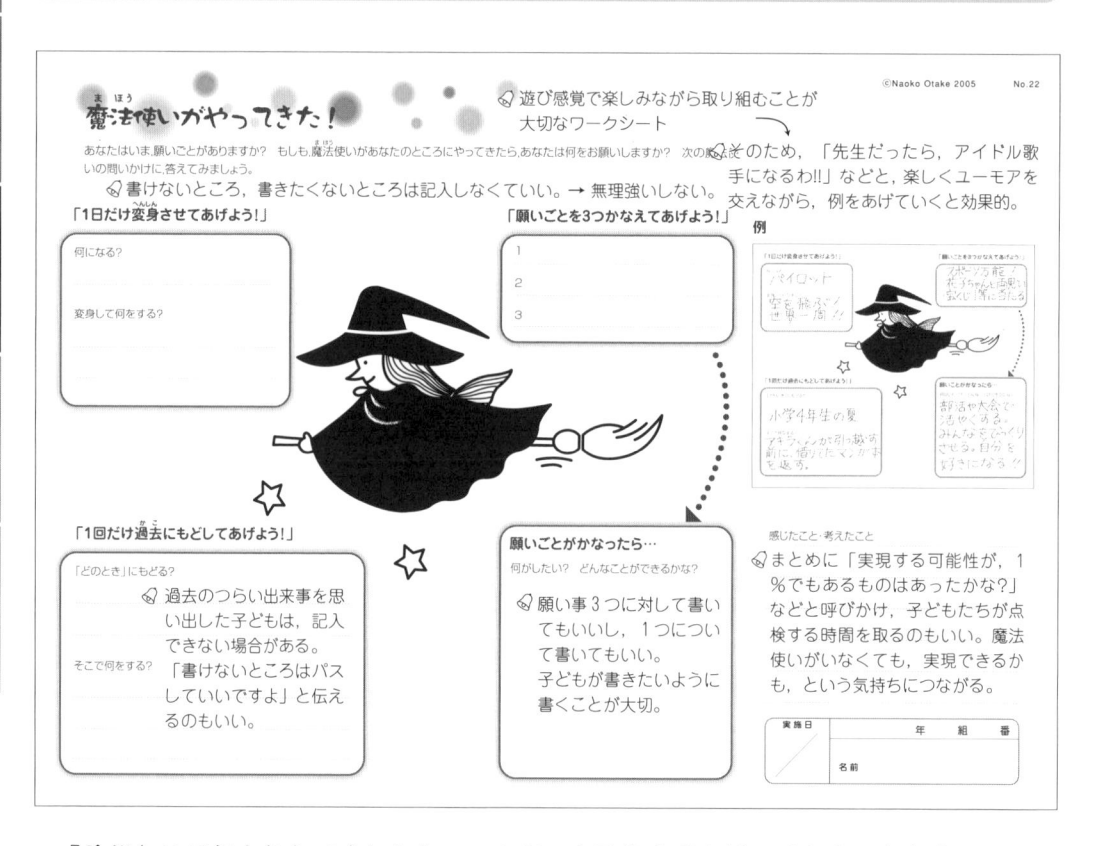

「希望」は元気を与えてくれるものですが,自己肯定感が低い子どもや無気力な子どもは「何がしたい？」ときかれても,答えられないことがあります。いまの自分を変えていける自信がもてないからでしょう。そのような子どもも「魔法使い」が登場することで,自分の願望や希望に気づきやすくなります。このワークシートでは,①自分がもっている願望に気づき,②自分が何を大切にして生きていくのかを自覚すること,がねらいです。

▶進め方

導入 子どもたちの気持ちが落ち着いているのを確認後，導入文を読む。「あまり考えすぎずに，楽しみながら，自由に書いてみよう」とすすめる。シェアリングをする場合は，その旨を伝える。

展開 子どもたちが安心・集中して書けるように，静かに見守る。終わり近くになったら「もう一度，自分の書いたものを見てみよう。『自分の思いが表現できたかな？』と確認してみよう」と呼びかける。

まとめ シェアリングをする場合……「友達の書いたものを悪く言ったり，からかったりしないこと」を伝える。シェアリング後，感想を書く。
シェアリングをしない場合……感想を書く。
まとめの言葉として「『もしかしたら実現するかもしれないもの』『実現する可能性が０％じゃないもの』はあったかな？　それに○をつけてみるのもいいですね」と伝えるのもいい。

▶実践エピソード

ノブオ（仮名）は「別に……」が口癖の，勉強もスポーツも苦手な小学６年生です。ここ２年ほど，いつもマンガ本ばかり読んでいて，無気力な姿に母親も心配していました。そのノブオが書いたシートを担任の先生に見ていただきました。「何になる？：サッカーの選手／変身して何をする？：外国の大会でかつやくしたい」「願いごと３つ：頭をよくしてほしい，背を大きくしてほしい，お兄ちゃんよりもけんかが強くなりたい」と書かれています。ほんとうは，勉強でもスポーツでも，活躍したいことが伝わってきます。ただ，方法がわからずに，どうすることもできずにいるだけなのかもしれません。

このワークシートを見た担任の先生は，ノブオに「失敗してもいいんだよ」というメッセージを送り続けると同時に，ノブオが，勉強にもスポーツにも安心してチャレンジできるように，機会を設けたり，声をかけていきたい，と話されました。

▶「こんな書き込み」「こんな様子」への対応

否定的なことが書かれている場合　「人を殺したい」「人をなぐりたい」のように，否定的なことが書かれていた場合，「こんなことを書いてはいけません」ととがめたりせずに，ワークシートのこととは別に，子どもの気持ちを表現できる機会をつくりましょう。

こんなときにピッタリ！　ホームルームで。朝自習の時間に。無気力な子どもに。不登校の子どもに。保健室・別室登校の子どもに。カウンセリング・ルームで。ご家庭で。

第2章 ワークシートの使い方

No.23

この歌，だ～いすき！

諸富祥彦の「このシート，ここがオススメ！」

このワーク「この歌，だ～いすき！」は，自分の好きな歌（映画，小説）をとりあげ，それについていろいろな角度で思いめぐらしているうちに，おのずと自己発見がうながされるワークです。こうした間接的な手法のほうが，抵抗なく自分自身のエッセンスに近づけると思います。

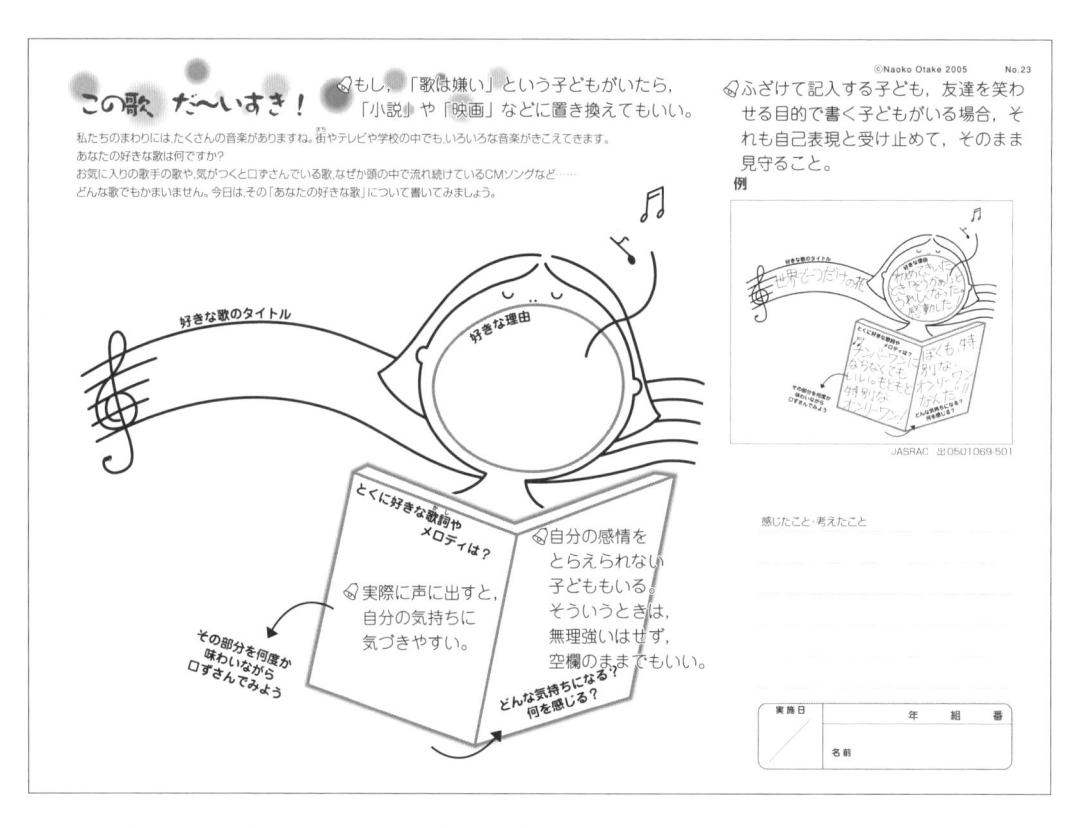

ふだん何気なく「好きだなぁ」と感じる歌には，その人にとって「こころひかれる何か」があります。自分の気持ちに響く歌詞やメロディーに焦点をあてることで，意識化していなかった自分に気づいたり，その歌から自分へのメッセージを受け取ることができます。歌は子どもたちにとって身近なもの。こころひかれる歌をとおして，①それにひかれた自分の気持ちを発見し，②それを日常において大切にすること，がねらいです。

▶ 進め方

導入 子どもたちの気持ちが落ち着いているのを確認後，導入文を読む。「あまり考えすぎずに，楽しみながら，自由に書いてみよう」とすすめる。また「好きな歌を口ずさんでみること」をすすめる。シェアリングをする場合は，その旨を伝える。

展開 子どもたちが安心・集中して書けるように，静かに見守る。終わり近くになったら「もう一度，自分の書いたものを見てみよう。『自分の思いが表現できたかな？』と確認してみよう」と呼びかける。

まとめ シェアリングをする場合……「友達の書いたものを悪く言ったり，からかったりしないこと」を伝える。シェアリング後，感想を書く。
シェアリングをしない場合……感想を書く。

▶ 実践エピソード

　先生方と教室で実践するワークシートについて話し合っているとき，ある50代の女性の先生が，ご自身でこのシートを始められました。「なぜか，ときどき口ずさんでしまう歌があるんです。童謡なんですけれど。♪まあるい，大きな輪の中で，子どもの王様お姫様，はじめに立っておじぎして，それからジャンケンいたしましょう……」。

　この中でとくに好きな歌詞は「まあるい，大きな輪の中で」とのこと。それを何度か口ずさんでいただくと「なんだか，大きな何かに包んでもらっている感じ。あったかい感じ。それを感じていると安心します」とおっしゃいます。そして，その気持ちを味わいながら「守ってもらっている感じ。つらいことがあっても，だれかに冷たい言葉や視線をなげかけられても，こうして守ってもらっていると，こころおだやかにがんばっていけそう」。そう話してくださいました。

▶ 「こんな書き込み」「こんな様子」への対応

「どんな気持ちになる？」に「悲しい気持ちになる」と書かれている場合 子どもの好きな歌は，必ずしも「プラスの感情」をもたらすものとは限りません。「切なくなる，息がつまりそう……。だから好き」という子どももいるでしょう。「好きな歌」には，その子どもなりの「こだわり」が隠れています。書きあがったワークシートだけを見ると，理解しがたいこともありますが，分析的にとらえず，子どもの世界をそのまま認めてあげましょう。

> **こんなときにピッタリ！** 朝自習の時間に。ホームルームで。休み時間など自由な活動として。保健室・別室登校の子どもたちに。カウンセリング・ルームで。ご家庭で。

第2章　ワークシートの使い方

No.24

主人公は鬼！～桃太郎～

諸富祥彦の「このシート,ここがオススメ！」

このワークのおもしろさは,「視点（立脚点）が変わると,人生や世界はこんなにも違って見えてくる」ことを体験できる点です。桃太郎中心に考えている物語を,鬼を主人公にして編み変えることで,人間の勝手さや自己中心性が見えてくるかもしれません。楽しんで,ユニークな創造的な物語を作ってほしいものです。

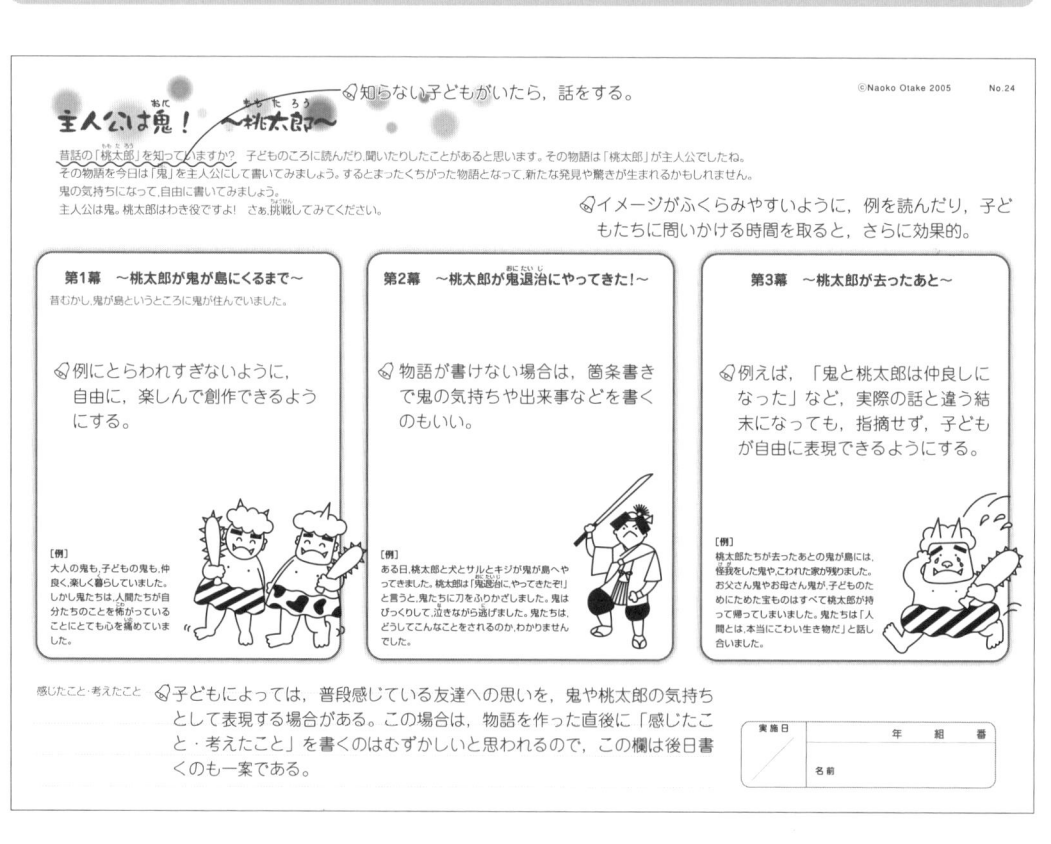

主人公は鬼！～桃太郎～

○知らない子どもがいたら，話をする。

©Naoko Otake 2005　No.24

昔話の「桃太郎」を知っていますか？　子どものころに読んだり,聞いたりしたことがあると思います。その物語は「桃太郎」が主人公でしたね。
その物語を今日は「鬼」を主人公にして書いてみましょう。するとまたくいちがった物語となって,新たな発見や驚きが生まれるかもしれません。
鬼の気持ちになって,自由に書いてみましょう。
主人公は鬼。桃太郎はわき役ですよ！　さぁ,挑戦してみてください。

○イメージがふくらみやすいように，例を読んだり，子どもたちに問いかける時間を取ると，さらに効果的。

第1幕　～桃太郎が鬼が島にくるまで～
昔むかし，鬼が島というところに鬼が住んでいました。

○例にとらわれすぎないように，自由に，楽しんで創作できるようにする。

[例]
大人の鬼も，子どもの鬼も，仲良く楽しく暮らしていました。しかし鬼たちは，人間たちが自分たちのことを怖がっているのにとても心を痛めていました。

第2幕　～桃太郎が鬼退治にやってきた！～

○物語が書けない場合は，箇条書きで鬼の気持ちや出来事などを書くのもいい。

[例]
ある日，桃太郎と犬とサルとキジが鬼が島へやってきました。桃太郎は「鬼退治にやってきたぞ」と言うと，鬼たちに刀をふりかざしました。鬼はびっくりして，泣きながら逃げました。鬼たちは，どうしてこんなことをされるのか，わかりませんでした。

第3幕　～桃太郎が去ったあと～

○例えば，「鬼と桃太郎は仲良しになった」など，実際の話と違う結末になっても，指摘せず，子どもが自由に表現できるようにする。

[例]
桃太郎たちが去ったあとの鬼が島には，怪我をした鬼や，こわれた家が残りました。お父さん鬼やお母さん鬼が，子どものためにためた宝ものはすべて桃太郎が持って帰ってしまいました。鬼たちは「人間とは，本当にこわい生き物だ」と話し合いました。

感じたこと・考えたこと　○子どもによっては，普段感じている友達への思いを，鬼や桃太郎の気持ちとして表現する場合がある。この場合は，物語を作った直後に「感じたこと・考えたこと」を書くのはむずかしいと思われるので，この欄は後日書くのも一案である。

実施日　　年　組　番
名前

　ねらいは，一つの事柄も「逆（相手）の立場から見ると，違って見えることに気づく」ことです。悩みや問題を抱えたときに，一つの視点からだけではなく，別の視点から見ることができると，それまで気づかなかった考え方に出合うことができます。問題解決の糸口になることもあるはずです。このワークでは，子どもたちが「鬼（退治される・脅かされる存在）」の気持ちを通して，日常の思いを表現することも，ねらいとしています。

▶進め方

導入 子どもたちの気持ちが落ち着いているのを確認後，導入文を読む。桃太郎の物語を知らない子どもがいたら話をする。子どもがイメージしやすいように「鬼は桃太郎が自分を退治に来ると思っていたかな？ もしかしたら，桃太郎が自分を退治に来るなんて，思っていなかったかもしれませんね。鬼はどんな気持ちだったかな？ みんなが鬼の立場で，ある日，だれかが自分を退治にやってきたら，どんな気持ちだろう？」などと語りかけるのもいい。記入後にシェアリングをする場合は，その旨を伝える。

展開 子どもたちが安心・集中して書けるように，静かに見守る。終わり近くになったら「もう一度，自分の書いたものを見てみよう。『自分の思いが表現できたかな？』と確認してみよう」と呼びかける。

まとめ シェアリングをする場合……「友達の書いたものを悪く言ったり，からかったりしないこと」を伝える。シェアリング後，感想を書く。
シェアリングをしない場合……感想を書く。

▶実践エピソード

子どもたちの書いた物語には，「鬼が村人を困らせていたのは，鬼の上に大鬼がいて，鬼を命令していたからだ」「鬼は悪いことをしている自分が嫌いだった」「鬼はただ楽しいだけで，村の人を困らせているなんて知らなかった」「ほんとうは桃太郎と仲良くなりたかった」など，それぞれの思いが表現されていました。

ふだんは言えない自分の気持ちを，「鬼の気持ち」として，表現できたのかもしれません。感想には「むずかしかった」というもの，「おもしろかった」「まったく違う話になって，びっくりした」などがありました。

▶「こんな書き込み」「こんな様子」への対応

物語が作れない，書かない場合 うまく表現ができない子どもたちの中には，「書きたくない」という場合と「物語が作れない」という場合があるでしょう。「書きたくない」という場合には無理強いはせず，見守ります。「物語が作れない」という子どもには，ワークシートに分類されている場面ごとに「鬼の気持ち」を想像し，箇条書きで，自由に書いていく方法もあります。

こんなときにピッタリ！ ホームルームで。道徳や国語の時間に。不登校の子どもに。保健室登校・別室登校の子どもに。カウンセリング・ルームで。ご家庭で。

第2章　ワークシートの使い方

No.25 自分の気持ちを詩にしてみよう

諸富祥彦の「このシート,ここがオススメ！」

詩は，自分の気持ちを形式にとらわれずに自由に言葉で表現する伝統的な方法です。思春期の子どもたちには，自分のグチャグチャな気持ちに言葉を与え，形にしていくことが必要です。リストカットや摂食障害で苦しんでいる子どもが，詩で自分の気持ちを表現することで落ち着いていくこともあるようです。

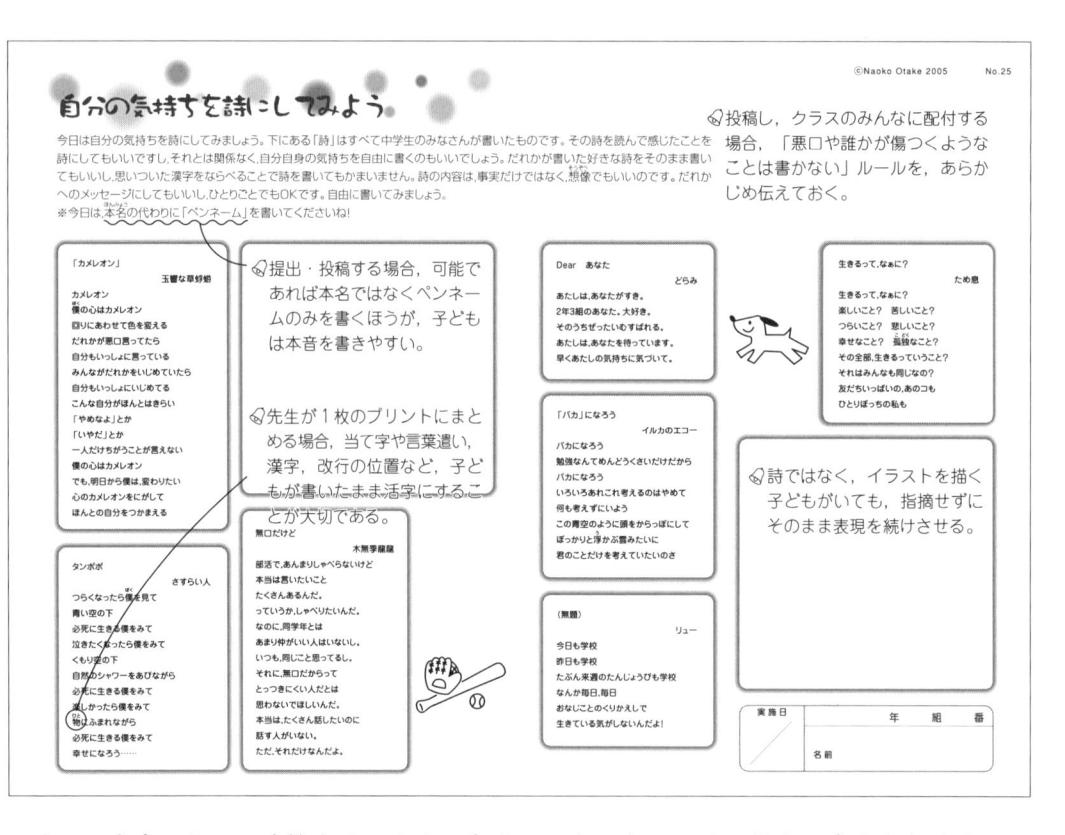

詩は，文章に比べて感情をそのままに表現しやすいもの。詩の場合，事実も想像も，だれかへのメッセージでも独り言でも，好きなように表現することができます。また「ペンネーム」をつけることで，周囲の目を気にせず，安心して自分の気持ちを言葉にできると考えられます。①自分の気持ちを見つめ，②気持ちを言葉で表現すること。詩を書くことや，自分の詩をあらためて読むことで，③自己発見や自己理解をすること，がねらいです。

▶進め方

導入 　子どもたちの気持ちが落ち着いているのを確認後，導入文を読む。ワークシートにあらかじめ書いてある，中学生が書いた詩を，子どもたちが読むようにする（実際に先生が読んだり，子どもたちに読む時間を与える）。
　子どもが書いて終わりにする場合……ワークシートは，集めないことを伝える。
　子どもが書いたものを1枚のプリントにまとめて，後日配付する場合……ワークシートには自分の本名を書かず，ペンネームを書くことを伝える。自分の書いた詩の中で，投稿したいものに「○」などの印をつけさせて，あとから集め，それを後日みんなに配付することを伝える。その際に「詩はみんなへのメッセージでもいいし，独り言でもかまいません」「先生がパソコンで打って配るので，字から個人がわかることはありません」などと伝えると，安心して表現できる子どももいる。また集める方法については，できれば，ポストや箱などを準備して，その中に子ども自身が入れるようにするのが望ましい。

展開 　子どもたちが安心・集中して書けるように，静かに見守る。終わり近くになったら「もう一度，自分の書いたものを見てみよう。『自分の思いが表現できたかな？』と確認してみよう」と呼びかける。

まとめ 　子どもが書いて終わりにする場合……ふりかえりシートに感想を書く。
　回収はするがシェアリングをしない場合……感想を書く。
　子どもが書いたものを1枚のプリントにまとめて，後日配付する場合……子どもたちが提出した詩を，パソコンなどで活字にし（個人が特定されないように）1枚にまとめる。子どもの書いたまま（当て字，段落などのつけ方，言葉づかいなど，すべてそのまま）に活字にし，後日配付する。そのときに，先生のコメントも加えられればなおいい。評価的なコメントではなく，子どもの気持ちに添うようなコメントがいい。
　配付するときに，「『このペンネームはだれだろう？』と，詩を書いたのがだれなのかを聞いたり，想像したりするのはやめましょう」と伝える。できれば，子どもたちがそのプリントを読んで，そのときの気持ちをまた，詩にするというように，これら一連の作業を繰り返すことが望ましい。

　　＊いろいろな使い方……ワークシートには2つ，詩を書くスペースがあるため，2回に分けて，このワークシートを実施する時間をとるのもいい。前の時間に自分が書いた詩をゆっくり読んで，そのときに感じたことを2つ目の詩にするという方法も有効である。

こんなときにピッタリ！　朝自習の時間に。ホームルームで。休み時間など自由な活動として。保健室・別室登校の子どもたちに。カウンセリング・ルームで。ご家庭で。

第2章　ワークシートの使い方

No.26

幸せへの願い

諸富祥彦の「このシート,ここがオススメ！」

このワークの中心は「幸せへの願い」をうたった詩です。幸せへの願いが大きく大きく広がっていく，そんな詩を，みんなでいっしょにこころを込めて音読しているうちに，一人一人に，幸せのあたたかい気持ちがジワーッと広がっていきます。ホリスティック教育の特徴である「気持ちがポカポカしてくる」ワークです。

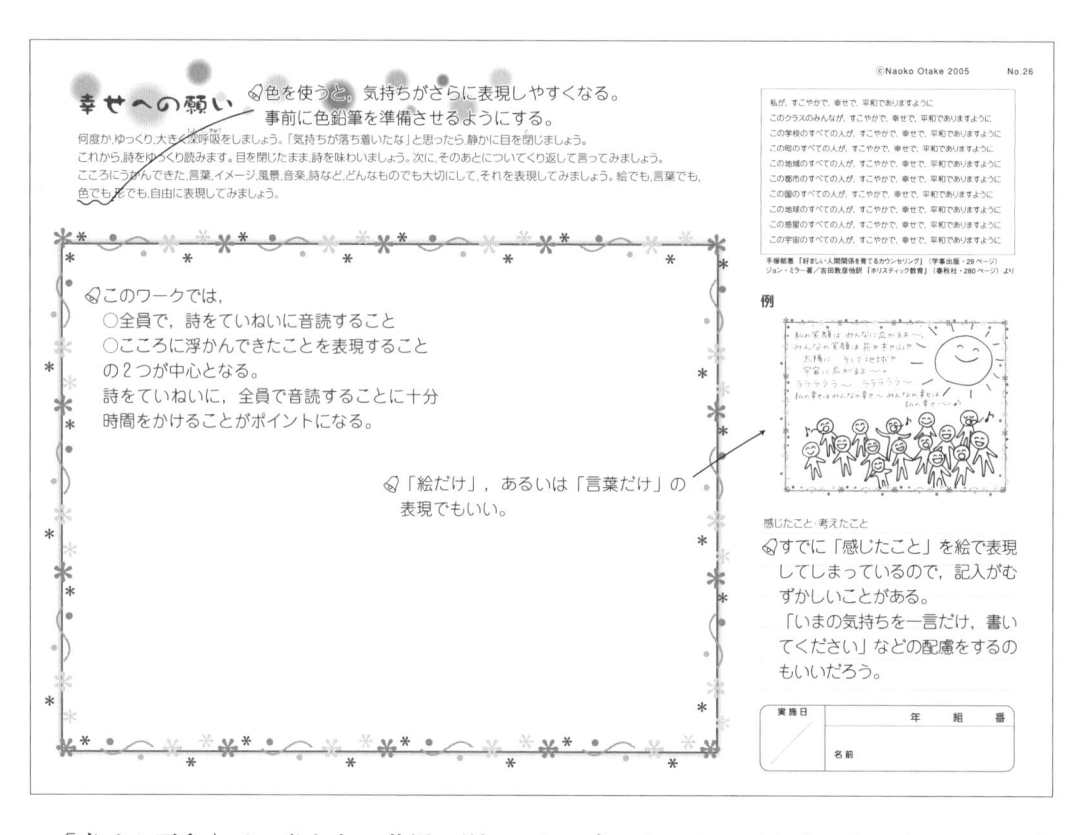

（縦書きサイドタブ）自分を見つめる／自分のこころの整理／つながりの中の自分を実感する／自分との対話／新たな自分との出会い／補助シート／ふりかえりシート

幸せへの願い

色を使うと，気持ちがさらに表現しやすくなる。
事前に色鉛筆を準備させるようにする。

何度か，ゆっくり，大きく呼吸をしましょう。「気持ちが落ち着いたな」と思ったら，静かに目を閉じましょう。
これから，詩をゆっくり読みます。目を閉じたまま，詩を味わいましょう。次に，そのあとについてくり返し言ってみましょう。
こころにうかんできた，言葉，イメージ，風景，音楽，詩など，どんなものでも大切にして，それを表現してみましょう。絵でも，言葉でも，色でも形でも，自由に表現してみましょう。

○このワークでは，
　○全員で，詩をていねいに音読すること
　○こころに浮かんできたことを表現すること
　の2つが中心となる。
　詩をていねいに，全員で音読することに十分時間をかけることがポイントになる。

○「絵だけ」，あるいは「言葉だけ」の表現でもいい。

© Naoko Otake 2005　No.26

私が，すこやかで，幸せで，平和でありますように
このクラスのみんなが，すこやかで，幸せで，平和でありますように
この学校のすべての人が，すこやかで，幸せで，平和でありますように
この町のすべての人が，すこやかで，幸せで，平和でありますように
この地域のすべての人が，すこやかで，幸せで，平和でありますように
この都のすべての人が，すこやかで，幸せで，平和でありますように
この国のすべての人が，すこやかで，幸せで，平和でありますように
この地球のすべての人が，すこやかで，幸せで，平和でありますように
この感覚のすべての人が，すこやかで，幸せで，平和でありますように
この宇宙のすべての人が，すこやかで，幸せで，平和でありますように

手塚郁恵著『好ましい人間関係を育てるカウンセリング』（学事出版・29ページ）
ジョン・ミラー著／吉田敦彦他訳『ホリスティック教育』（春秋社・280ページ）より

例

感じたこと・考えたこと

○すでに「感じたこと」を絵で表現してしまっているので，記入がむずかしいことがある。
「いまの気持ちを一言だけ，書いてください」などの配慮をするのもいいだろう。

実施日	年　組　番
	名前

「幸せや平和」は，私たちの共通の願いでしょう。しかし，子どもたちにとって，そうした願いをていねいに感じたり瞑想をしたり，言葉にする機会は少ないように思われます。そのため，①自分だけではなく，すべての人の幸せと平和を，ゆっくりこころをこめて言葉にすること。そうすることで，②自分の中に浮かんできた気持ちやイメージを表現し，明確にすること。③自分やすべての人の幸せを願う気持ちを育てること，がねらいです。

ワークシートの出典……『好ましい人間関係を育てるカウンセリング』（手塚郁恵著，学事出版）の28－29ページ，
『ホリスティック教育』（ミラー著，春秋社）の280ページの詩を使っている。

▶ 進め方

導入　子どもたちの気持ちが落ち着いているのを確認後，子どもたちに目を閉じてもらい，詩をゆっくり，はっきり，やさしい声で読む。今度は，子どもたちに目を開けてもらい，ワークシート右上の詩を見ながら，声を合わせていっしょに読む。そして「こころに浮かんできた言葉やイメージ，風景，音楽，詩など，浮かんできたものはどんなものも大切にして，それを表現してみましょう」と呼びかける。クレヨンや色鉛筆があれば，それも使って自由に表現させる。シェアリングをする場合は，その旨を伝える。

展開　子どもたちが安心・集中して書けるように，静かに見守る。終わり近くになったら「もう一度，自分の書いたものを見てみよう。『自分の思いが表現できたかな？』と確認してみよう」と呼びかける。

まとめ　シェアリングをする場合……「友達の書いたものを悪く言ったり，からかったりしないこと」を伝える。シェアリング後，感想を書く。
シェアリングをしない場合……感想を書く。

▶ 実践エピソード

　ハナコ（仮名）は，大きな太陽を書きました。イチロウ（仮名）は，黄色い光をいっぱい書きました。アキコ（仮名）は感想に「自分の幸せをみんなが祈ってくれて，とってもうれしかった」と書きました。ジロウ（仮名）はニッコリ笑っている地球を書きました。

　この実践を通して感じることは，この詩をクラス全員で，ゆっくり，こころをこめて声に出していくことが，子どもたちにとって大切であるということです。悩みを抱えている子ども，孤独を感じている子ども，いつも元気にがんばっている子どもなど，クラスにはさまざまな子どもたちがいます。声を合わせて，自分のために，クラスのために，すべての人のために祈ることは，「自分という存在が生きているということ」「すべての存在が尊いものであること」を深く実感することにつながるようです。

▶「こんな書き込み」「こんな様子」への対応

声を出して読まない子ども，何も書かない子どもがいる場合　子どもにとっては「幸せを願う」ということに実感がもてない子どももいます。戸惑ったり，恥ずかしくて，ワークに参加できない子どももいるでしょう。その場合は指摘せずに見守りましょう。

こんなときにピッタリ！　ホームルームで。道徳や社会の時間に（「平和」などの単元を学習した後に，補足の教材として）。

補助シート No.1〜2

　2つの「補助シート」は、継続的に使用する「自己表現シート」です。1日の終わりに、また「帰りの会」の時間を使って1日をふりかえり、その日の出来事や自分の気持ちを表現していきます。1日をふりかえる視点や項目が提示されている「日記」のようなものです。

▶ 継続的に実施する意味

　継続的に「自己表現シート」を実施することには、次のような意味があります。

1. 自分をふりかえり、表現する時間の確保

　子どもたちは毎日の生活の中で、友達関係や勉強や部活など、さまざまなことが起きています。しかし、自分をふりかえる時間はないのが現状。「毎日忙しすぎて、何がなんだかわからない」という子どもも多いのです。

　いま、こうした子どもたちに大切なのは、毎日の生活の中に「ふりかえる時間」を確保すること。いったん立ち止まり、自分をふりかえる時間を作ってあげることです。

2. 毎日自分をふりかえる習慣をつける

　毎日、自分をふりかえり表現する時間をもつことで、子どもたちは「自分をふりかえる」ことが習慣化していきます。「今日の自分はどうだったかな？」と自分をふりかえる目が養われていくのです。楽しいことがあったとき「そうだ！　これはあとで『今日のこと』に書こう」と思うなど、日々の出来事に気持ちを向けることにもつながります。

3. 気持ちの整理

　表現することは「かたち」を与えること。1日の中で感じたことに「かたち」を与えていくことが大切です。つらいことがあった日は、イライラ、モヤモヤした気持ちを抱えているでしょう。その気持ちをそのままにせず、表現することで、整理され、こころにスペースができます。これは、次の日をどんな気持ちで迎えるのかということにかかわります。毎日続く学校生活だからこそ、その日の気持ちを、その日に整理することが大切なのです。

■No.1「今日のありがとう」■
　このワークシートは,「自分と周りの人とのつながり」「家庭や学校での自分」について ふりかえり,表現するシートです。「ありがとう」を表現することで,支えられている自分を感じます。「ごめんなさい」を表現することで,後悔などの「モヤモヤした気持ち」にかたちを与え,こころの安定をはかります。またよりよい自分への課題が見えてきます。それを「明日のわたしへ」のメッセージとして表現していきます。

■No.2「今日のしあわせな出来事」■
　このワークシートは,「自分の気持ち」に焦点を当ててふりかえり,表現するシートです。「いいことなんて,何もない」と子どもたちは言います。しかし,「しあわせなこと」を探してみると意外と身近にあるものです。「しあわせな出来事」を書くことで身近にある「しあわせ」に気づくことができます。また「つらかった出来事」を表現することは,こころの整理やストレス発散につながります。否定的な感情を表現することで,気持ちをシートに「置ける」のです。次の日に持ち越さない工夫だといえます。

▶使い方のいろいろ

1．「帰りの会」で
　5分間の時間をとり,一斉に実施する方法です。毎日,子どもたちが苦痛にならず表現していくためには,それぞれの項目を一行ずつ書いてもらうことが望ましいでしょう。

2．夜,寝る前に
　子どもにシートを配布しておき,夜,眠る前に,1日をふりかえり,書くことをすすめます。子どもによって実施する程度に差があるのが難点ですが,安心できる時間に,ゆっくり自分をふりかえることができるのは利点といえるでしょう。

シートを集める場合　初回に「これは,自分のために書くものです。自由に書いてください。内容について,先生が何かを言うことはしません。しかし,困っているときやアドバイスが必要なときには,そのことを先生がわかるように書いてほしいと思っています」などと伝えるといいでしょう。先生のサポートが必要なときの「サイン」(例えば,名前の横に☆印を書くなど)を決めておくのもいいですね。

シートを集めない場合　子どもたちに1冊ずつファイルを準備しておき,それに綴じていくと学期や学年の終わりに「ふりかえり」をあらためて行うことができます。

ふりかえりシート No.1〜3

　3つの「ふりかえりシート」は，自己表現ワークシートを実施する際に，必ず使わなければならないものではありません。子どもたちの様子や状況に合わせて，また自己表現シートをより効果的に利用するために作成したものです。

■ No.1「ふりかえりシート」■

　このふりかえりシートは，「自己表現ワークシート」が，その子どもにとって，どのようなものであったのかを5件法で示すものです。ワークシート内にある「感じたこと・考えたこと」よりも，子どもたちには手軽なふりかえりの方法といえるでしょう。

▶ 使い方のいろいろ

1．ワークシート内の「感じたこと・考えたこと」の代わりに

　記入の多いワークシートは，子どもによって疲れることが考えられます。そのあとで，さらに「感じたこと・考えたこと」を書くのでは，苦痛を感じる子どももいるでしょう。

　子どもたちの様子によって，また実施状況によって，「感じたこと・考えたこと」の代わりに利用することができます。とくに，①記述の多いワークシートのとき，②ワークシートの効果を把握したいときのふりかえりにおすすめです。

2．2回に分けて，ふりかえりをするときに

　1回目はワークシートを書いた直後，2回目はワークシートを書いた約1週間〜2週間後に「ふりかえり」をすると，子どもたちに気づきや発見がもたらされるようです。そのときには，1回目のふりかえりでこの「ふりかえりシート」を利用し，2回目のふりかえりで，ワークシート内の「感じたこと・考えたこと」を書くのがいいでしょう。

■ No.2「○○さんへ」■

　ワークシートやシェアリングを終えた気持ちは，子どもによってさまざまです。だれかに感謝の気持ちを伝えたくなったり，自分のことをもっと表現したくなる場合もあるでし

ょう。自分のワークシートを見てくれる先生に，何かを伝えたいと感じることもあるでしょう。こうした子どもたちの思いをそれぞれに書けるのが，ふりかえりシート「○○さんへ」です。

▶ 使い方のいろいろ

１．自由選択の「ふりかえりシート」として

　ワークシートを実施するとき，子どもたちに「このシートは，だれかに何かを伝えるためのものです。ワークシートを書いてみて，それからシェアリングをしてみて，だれかに伝えたいことが出てきたときに，このシートを使ってくださいね。実際届けるのもいいですね。友達や家族，自分へのメッセージを。先生に伝えたいことがある人もこの紙に書いてくださいね」と伝えて，子どもが自由に使えるようにするといいでしょう。

２．「先生への手紙」として

　教室で実施する自己表現は，一見，子ども一人によるものに見えますが，実はその場を共有している先生の存在も，子どもは感じ，影響を受けています。そのため，ワークシートを繰り返し実施していると，子どもたちに「先生に伝えたいこと」や「わかってほしいこと」などが出てくるものです。先生に手紙を書く機会を半年に１度ほどもつと，子どもの先生への思いを表現する機会となります。

■ No.3「感じたこと・考えたこと」■

　ワークシートの中にある「感じたこと・考えたこと」と同じ「ふりかえり」の方法です。しかし，このシートには罫線がありません。文章でも，詩でも，川柳でも，絵でも，色でも，子どもが望む方法で「感じたこと・考えたこと」を表現できます。

▶ 使い方のいろいろ

１．２回に分けて「ふりかえり」をするとき

　先にも述べたように，１回目はワークシートを書いた直後，２回目はワークシートを書いた約１週間〜２週間後に「ふりかえり」をするときに利用します。この場合，このシートは２回目の「ふりかえり」で用いるといいでしょう。表現方法を特定しないで書いてもらう方法もありますが，「１週間ぶりに自分の書いたものを見てどうですか？　感じたことを，詩で表現してみよう」などと提案することもできるでしょう。

あとがき

　6年前のある春の日，廊下で子どもたちが楽しそうに何かを書いているのを見かけました。「なんだろう？」それはプロフィールやメッセージなどを書き込む，かわいい用紙でした。私が中学生のころにもありましたが，それは卒業前に，先生や友達に記念に書いてもらうもの。それを子どもたちは，4月に利用していたのです。

　話を聞くと「いまはこれが常識！」「4月の楽しい恒例行事だ」と言うのです。「これ書くの，すごく楽しい！　大好き！　この1枚が全部，自分のことなんだよ！　自分のこと，いろいろ書くって芸能人みたい！　何を書こうかなと思うだけでワクワクしてくる！」と。

　これが，「自己表現ワークシート」を思いついたきっかけです。「この1枚が全部，自分のことなんだよ！」と語った子どものうれしそうな顔。「いまの自分」のいろいろなことを表現し，それを友達に見てもらうことで，子どもはイキイキできることを感じたのです。

　そして，1枚1枚ワークシートは増えていきました。あるときは，子どもと一緒に。あるときは「クラスの子どもたちがイライラしている……何かいいワークシートはありませんか？」という先生の言葉によって。1枚1枚には，たくさんの思い出がつまっています。

　この本を書くことは，私にとって「自己表現」そのものでした。お伝えしたい思いや，大切な思い出などが，こころの中にたくさんあふれてきました。その一つ一つに「かたち」を与えていく作業は，これまで私が，スクールカウンセラーとして大切にしてきたことや，出会った方たちからいただいた宝ものを明確にしてくれる作業となりました。

　いま，感じているのは，このワークシートが，この本を手にとってくださった方たちのもち味や，使ってくれる子どもたちのもち味が加わることで「新たなワークシート」になっていく喜びです。より楽しめるように，より自由に自己表現できるように，目の前の子どもの気持ちを大切に，たくさんの工夫をしていただきたいと思います。

　最後になりましたが，何よりもいままで出会った子どもたちに，こころからの「ありがとう」を伝えたいと思います。そして，たくさん感想を聞かせてくださった保護者の皆さま。ワークシートをクラスや部活，保護者会，校内研修などで使ってくださった先生方に，こころより感謝を申し上げます。

　私が本書を「自己表現」するにあたり，大きな「安心感」がありました。

　そのお一人が，監修の諸富祥彦先生。先生には，大学院時代からスクールカウンセリングに必要な視点をご指導いただきました。自己表現ワークシートについても，細やかでユニークなご指導とご助言をいただきました。こころよりありがとうございました。

　もうお一人が，図書文化社の東則孝さんでした。私のワークシートへの思いを大切にしていただき，たくさんのお骨折りとあたたかいご支援をいただきました。また菅原佳子さんの細やかなお心遣いにも支えていただきました。こころより感謝を申し上げます。

　2005年1月

大竹直子

監修者紹介

諸富 祥彦（もろとみ よしひこ）

明治大学文学部助教授。1963年福岡県生まれ。筑波大学，同大学院博士課程修了。千葉大学教育学部助教授を経て現職。教育学博士。上級教育カウンセラー。現在，中央教育審議会専門委員。「現場教師の作戦参謀」として，抽象的ではない実際に役立つアドバイスを先生方に与えている。ちばエンカウンターを学ぶ会顧問，教師を支える会代表。著書『自分を好きになる子を育てる先生』（図書文化社），『小学校・こころを育てる授業ベスト17』『中学校・こころを育てる授業ベスト22』（図書文化社），『学校現場で使えるカウンセリングテクニック（上）（下）』（誠信書房）など。著作・研修の案内はホームページ（http://morotomi-y.hp.infoseek.co.jp/），講演依頼はメール（zombieee11@ybb.ne.jp）にて。

著者紹介

大竹 直子（おおたけ なおこ）

現在，千葉大学，跡見学園女子大学短期大学部，洗足学園中学高等学校でカウンセラー（非常勤）を務める。上級教育カウンセラー。1969年東京都生まれ。千葉大学大学院教育学研究科学校教育臨床専攻修了（教育学修士）。子どもたちが自分の声を聴いていくプロセスに，そっと寄り添うことを大切にしています。著書・論文に，共編著『学校で使えるカウンセリング① 教師が使えるカウンセリング』（諸富祥彦・水野治久との共編著，ぎょうせい），分担執筆「『こころの表現』を支援するスクールカウンセラーの新実践」『中学校・こころを育てる授業ベスト22』（諸富祥彦編，図書文化社），共著「思春期問題行動の発現と学校教育における対応」（思春期学VOL.20 No.1，2002）ほか。

教室で　保健室で　相談室で　すぐに使える！
とじ込み式　自己表現ワークシート

2005年3月10日　初版第1刷発行［検印省略］
2022年9月30日　初版第22刷発行

監修者　諸富祥彦
著　者　大竹直子 ©
発行人　則岡秀卓
発行所　株式会社　図書文化社
　　　　〒112-0012　東京都文京区大塚1-4-15
　　　　Tel.03-3943-2511　Fax.03-3943-2519
　　　　http://www.toshobunka.co.jp/
　　　　振替　00160-7-67697

装　幀　本永惠子デザイン室
印刷・製本　株式会社リーブルテック

乱丁・落丁本の場合はお取り替えいたします
定価はカバーに表示してあります

ISBN 978-4-8100-5447-7　C3037

諸富祥彦の本

教師が使える カウンセリングテクニック80
四六判　本体1,800円
教育哲学から保護者対応まで，こんなに役立つ！

「7の力」を育てるキャリア教育
四六判　本体1,800円
小学校から中学・高校まで，子どもたちに育てたい力とその具体的方法

教師の悩みとメンタルヘルス
四六判　本体1,600円
教師がつらいこの時代を，どう乗り切るか

自分を好きになる子を育てる先生
B6判　本体1,500円　電子版あり
子どもの心を育てる考え方とテクニック

「問題解決学習」と心理学的「体験学習」による新しい道徳授業
四六判　本体1,800円
理論のある面白い道徳授業の提案

新教科・道徳はこうしたら面白い
押谷由夫・諸富祥彦・柳沼良太 編集
A5判　本体2,400円
道徳科を充実させる具体的提案と授業の実際

新しい生徒指導の手引き
四六判　本体1,800円
すぐに使える「成長を促す指導」「予防的な指導」「課題解決的な指導」の具体的な進め方を解説

教室に正義を！ いじめと闘う教師の13か条
四六判　本体1,400円　電子版あり
いじめを許さない正義の感覚を育てるには

教師のための問題対応フローチャート
B5判　本体2,000円
不登校・問題行動・虐待・危機管理・保護者対応のチェックポイント

答えなき時代を生き抜く子どもの育成
奈須正裕・諸富祥彦 共著
四六判　本体1,600円
持続可能な協同社会に向かう「学力と人格」

こころを育てる授業
ベスト17【小学校】　B5判　本体2,500円
ベスト22【中学校】　B5判　本体2,700円
すべての学校教育で取り組む「こころの教育」

とじ込み式 自己表現ワークシート Part1・Part2
諸富祥彦 監修　大竹直子 著
B5判　本体各2,200円
楽しく自分と対話して，遊び感覚で心が育つ

エンカウンターで学級づくりスタートダッシュ！ 小学校・中学校
エンカウンターを生かした学級開きのアイデア
B5判　本体各2,300円

エンカウンターこんなときこうする！ 小学校・中学校
実践のジャンル・タイプ別に20余りの例を掲載
B5判　本体各2,000円

図書文化

※定価には別途消費税がかかります

この「自己表現ワークシート」は，書籍本体からていねいに抜き取り，中央の針金をはずしてご利用ください。なお，針金をはずす際は素手ではなく，ドライバー等の器具を必ずご使用ください。

また，抜き取りの際の損傷についてのお取り替えはご遠慮願います。

教室で　保健室で　相談室で
すぐに使える！
とじ込み式
自己表現ワークシート

〔自分を見つめる〕
1　スキスキ・ランド
2　どんなとき?!
3　私の宝もの
4　自分辞書
5　自分の人生ゲーム
6　小さいころの風景

〔自分のこころの整理〕
7　元気リスト
8　自分のなかのいろんな自分
9　安心ワールド
10　ニコニコさんとチクチクさん
11　気になること,さようなら

〔つながりの中の自分を実感する〕
12　「ありがとう」の花束を作ろう
13　つながり地図
14　クラスの中の自分
15　いのちのつながり
16　相手も自分も大切にした言葉で伝えよう

〔自分との対話〕
17　こころのお天気
18　こころの中の小さなさけび
19　どんな「こころの虫」が住んでいる?
20　見守ってくれているもの
21　自分への手紙

〔新たな自分との出会い〕
22　魔法使いがやってきた!
23　この歌,だ〜いすき!
24　主人公は鬼!〜桃太郎〜
25　自分の気持ちを詩にしてみよう
26　幸せへの願い

〔補助シート〕
No.1　今日のありがとう
No.2　今日のしあわせな出来事

〔ふりかえりシート〕
No.1　ふりかえりシート
No.2　○○さんへ
No.3　感じたこと・考えたこと

No.1
ふりかえりシート

_____年 _____組 _____番　名前 _____

1. ワークシートは、楽しかったですか?

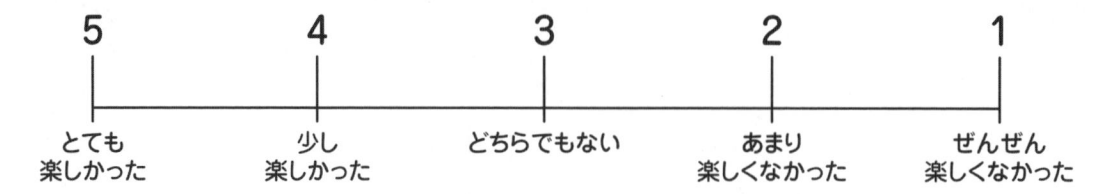

```
5           4           3           2           1
|           |           |           |           |
とても      少し       どちらでもない  あまり       ぜんぜん
楽しかった  楽しかった              楽しくなかった 楽しくなかった
```

2. 気持ちが落ち着きましたか?

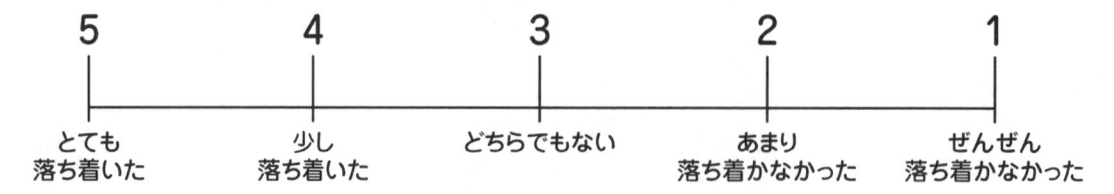

```
5           4           3           2           1
|           |           |           |           |
とても      少し       どちらでもない  あまり       ぜんぜん
落ち着いた  落ち着いた              落ち着かなかった 落ち着かなかった
```

3. 気づいたことがありましたか?

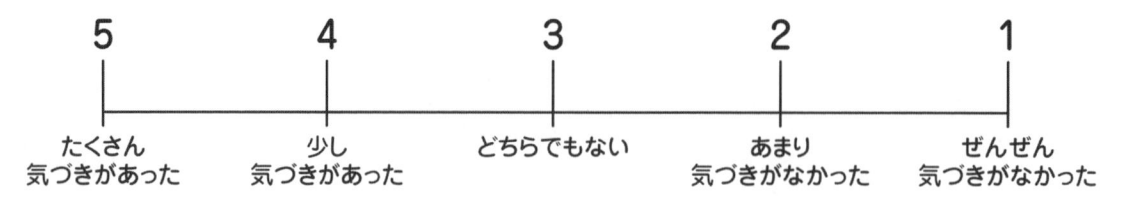

```
5              4           3           2           1
|              |           |           |           |
たくさん       少し       どちらでもない  あまり       ぜんぜん
気づきがあった 気づきがあった          気づきがなかった 気づきがなかった
```

ひとこと

....

....

No.1

＿＿月　＿＿日（　）のこと

＿＿年＿＿組＿＿番

名前＿＿＿＿＿＿＿＿＿＿

今日のありがとう

今日のごめんなさい

明日のわたしへ

幸せへの願い

何度か,ゆっくり,大きく深呼吸をしましょう。「気持ちが落ち着いたな」と思ったら,静かに目を
これから,詩をゆっくり読みます。目を閉じたまま,詩を味わいましょう。次に,そのあとについ
こころにうかんできた,言葉,イメージ,風景,音楽,詩など,どんなものでも大切にして,それを
色でも,形でも,自由に表現してみましょう。

自分の気持ちを詩にしてみよう

今日は自分の気持ちを詩にしてみましょう。下にある「詩」はすべて中学生のみなさんが書
詩にしてもいいですし,それとは関係なく,自分自身の気持ちを自由に書くのもいいでしょう
てもいいし,思いついた漢字をならべることで詩を書いてもかまいません。詩の内容は,事実
へのメッセージにしてもいいし,ひとりごとでもOKです。自由に書いてみましょう。
※今日は,本名(ほんみょう)の代わりに「ペンネーム」を書いてくださいね!

「カメレオン」
　　　　　　玉響な草蚌蜉

カメレオン
僕(ぼく)の心はカメレオン
回りにあわせて色を変える
だれかが悪口言ってたら
自分もいっしょに言っている
みんながだれかをいじめていたら
自分もいっしょにいじめてる
こんな自分がほんとはきらい
「やめなよ」とか
「いやだ」とか
一人だけちがうことが言えない
僕の心はカメレオン
でも,明日から僕は,変わりたい
心のカメレオンをにがして
ほんとの自分をつかまえる

タンポポ
　　　　　　　　さすらい人
つらくなったら僕(ぼく)を見て
青い空の下
必死に生きる僕をみて
泣きたくなったら僕をみて
くもり空の下
自然のシャワーをあびながら
必死に生きる僕をみて
楽しかったら僕をみて
物にふまれ(ひと)ながら
必死に生きる僕をみて
幸せになろう……

無口だけど
　　　　　　木無季龍龍
部活で,あんまりしゃべらないけど
本当は言いたいこと
たくさんあるんだ。
っていうか,しゃべりたいんだ。
なのに,同学年とは
あまり仲がいい人はいないし。
いつも,同じこと思ってるし。
それに,無口だからって
とっつきにくい人だとは
思わないでほしいんだ。
本当は,たくさん話したいのに
話す人がいない。
ただ,それだけなんだよ。

主人公は鬼！ ～桃太郎～

昔話の「桃太郎」を知っていますか？ 子どものころに読んだり,聞いたりしたことがあると思…
その物語を今日は「鬼」を主人公にして書いてみましょう。するとまったくちがった物語とな…
鬼の気持ちになって,自由に書いてみましょう。
主人公は鬼。桃太郎はわき役ですよ！ さぁ,挑戦してみてください。

第1幕 ～桃太郎が鬼が島にくるまで～

昔むかし,鬼が島というところに鬼が住んでいました。

[例]
大人の鬼も,子どもの鬼も,仲良く,楽しく暮らしていました。しかし鬼たちは,人間たちが自分たちのことを怖がっていることにとても心を痛めていました。

第2幕 ～桃太郎か…

[例]
ある日,桃太郎と犬とサルとキ…ってきました。桃太郎は「鬼退治…と言うと,鬼たちに刀をふりか…びっくりして,泣きながら逃げ…どうしてこんなことをされるの…でした。

感じたこと・考えたこと

この歌、だ～いすき！

私たちのまわりには、たくさんの音楽がありますね。街やテレビや学校の中でも、いろいろな音楽
あなたの好きな歌は何ですか？
お気に入りの歌手の歌や、気がつくと口ずさんでいる歌、なぜか頭の中で流れ続けているCMソ
どんな歌でもかまいません。今日は、その「あなたの好きな歌」について書いてみましょう。

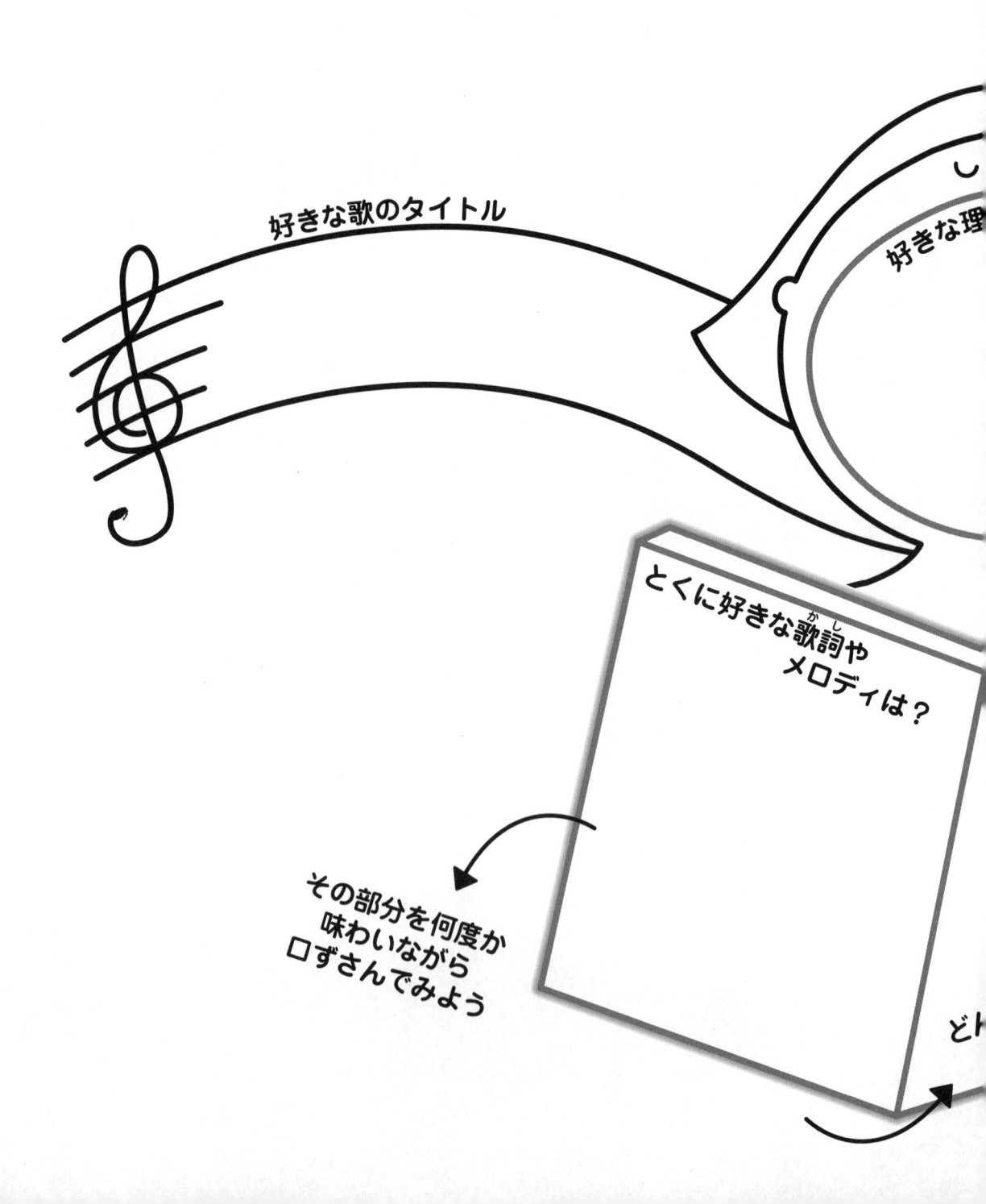

好きな歌のタイトル

好きな理

とくに好きな歌詞や
メロディは？

その部分を何度か
味わいながら
口ずさんでみよう

魔法使いがやってきた！

あなたはいま,願いごとがありますか？　もしも,魔法使いがあなたのところにやってきたら,あいの問いかけに,答えてみましょう。

「1日だけ変身させてあげよう！」

何になる？

変身して何をする？

「願

1

2

3

「1回だけ過去にもどしてあげよう！」

「どのとき」にもどる？

そこで何をする？

願

何が

自分への手紙

自分の気持ちや考え,体験(たいけん)したいろいろなことを,すべて言葉にして,だれかに伝えることは,むてきたことや感じてきたあなたの気持ちを,いちばんわかっているのは,もしかすると,あなた自分のことを何でもよくわかってくれる,そんな自分から自分自身に手紙を書いてみましょう

To _____

Fr

見守ってくれているもの

あなたを「見守ってくれているもの」は何ですか？ いやなことがあって泣きたいとき、こ〔…〕たをそっと見守ってくれているでしょうか？ ①自由に書いてみましょう。②その「あなたを〔…〕セージをあなたに届けてくれているでしょう。ふとうかんできた言葉やイメージを大切にし〔…〕セージをあなたは、これからどんなふうに大切にできるでしょうか？ 言葉にしてみましょう。

① 見守ってくれているもの

② どんな〔…〕

③ そのメ〔…〕

どんな「こころの虫」が住んでいる？

あなたを困らせている「こころの虫」があなたの中にいませんか？ 「泣き虫」「イライラ
ろに住み着いている人もいるかもしれませんね。そんな虫がとつぜん動き出すと「自分で
されて困っちゃう」という人もいるかもしれませんね。

(1) 自分の中に住んでいて，あなたをいつも（または，ときどき）困らせている

(2) その虫は，どんなときに出てきますか？ 思いついたことを書いてみましょう。

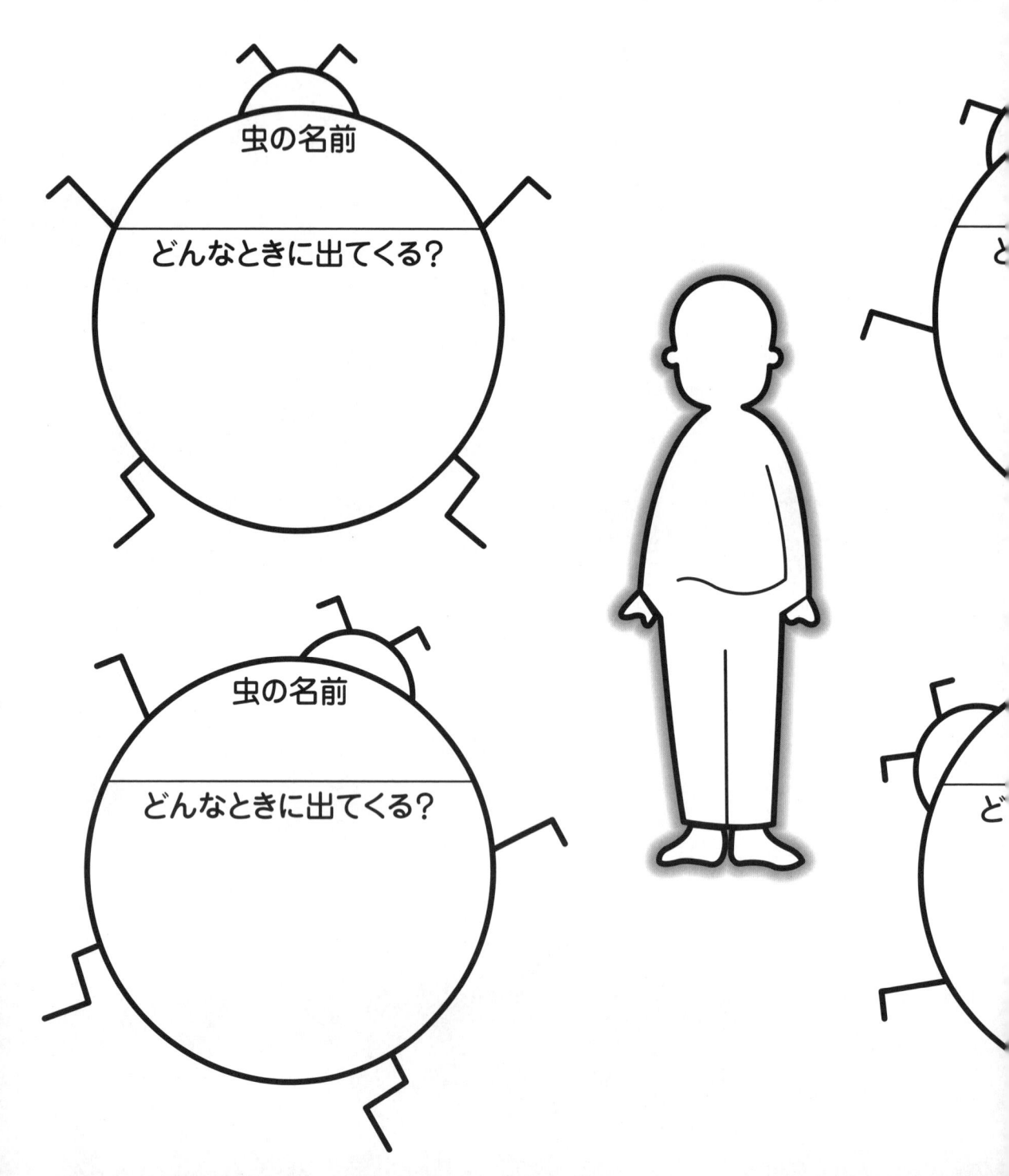

虫の名前

どんなときに出てくる？

虫の名前

どんなときに出てくる？

こころの中の小さなさけび

あなたのこころの中には、押し込められたり、おおいかくされてしまっている、さまざまな気
たとえば「こんなにがんばっているんだから、もっと認めてほしい。でも、だれもわかって
でも、そうしたくても、できない」といった気持ちです。

これから、自分の中の、そんなさまざまな気持ちにそっと耳を傾けて、認めてあげていきまし
これから5つの言葉をゆっくり読みます。その言葉を聞きながら、自分のからだやこころに
しょう。たとえば胸が熱くなってきたとか、怒りがこみあげてきたとか、泣きたくなったとか
どんな気持ちが出てきても、それをそのまま認めてあげましょう。そして、こころが言いた
しょう。

あなたはもっと いいたいことを言っても いいんだよ

悲しいときには 泣いたって

あなたがんばっているのを知っています

あなたには他の人にはないよさがありますよ

こころのお天気

今日のあなたの「こころのお天気」は,どんな感じですか？ 晴れていますか？ くもりです
空の人もいれば,雲がぽっかりうかんでいるような晴れの人もいるかもしれませんね。くもり
りそうなくもりの人もいるでしょう。雨や雪がふっている人,雷(かみなり)がなっている人もいるかもしれ
「今日のこころのお天気はどうかな～?」と自分にきいてみて,思いついたことを自由に書い
天気が何か言いたがっていたら,言わせてあげましょう。天気以外のものや動物・人などが思
しょう。

◆ 相手も自分も大切にした言葉で伝え

たとえば、興味がないクラブや委員会に「いっしょに入ろうよ！」と友だちに言われたとき、また
「貸してよ！」と言われたとき、あなたは何て答えますか？　相手をおこらせたり傷つけることなく
むずかしいけれど、とても大切なことですね。下の絵を見てください。こんなとき、あなたがAくん

> Aくんは、1ヶ月前にとても大切にしている本をBくんに貸しました。しかし、Bくんはなか
> 2週間前に「この前貸した本、そろそろ返してくれないかな」とBくんに言いましたが、
> よ！」とあっさり言われてしまいました。しかし、Aくんにとっては、とても大切な本で
> しいと思っているのですが……。

① 「本を返して」と言えないAくんの気持ち

⑤ あなたがAくんだったら、どのように言いますか？

みんなの意見

◆ いのちのつながり ◆

私たちはいま,どのようにしてここに生きているのでしょう。お父さんとお母さんがいたから,生
さん,おばあさん……。ご先祖(せんぞ)の1人が存在(そんざい)しなくても私たちは存在しなかったかもしれません
があって,牛や豚(ぶた)や魚などの生き物や野菜などの食べ物があって,私たちは生きることができま
ていられる」と考える人もいるかもしれません。神さまとか,仏(ほとけ)さまや宇宙が「私を生かしてくだ
うに,私たち一人一人は「いのちのつながり」があって,いま,生きていることができるのです。
そっと目を閉(と)じて,「私のいのちとつながっているものは何だろう？」と自分に問いかけてみまし
うかんできたものを自由に書いてみましょう。

◆ クラスの中の自分 ◆

私たちは,ひとりずつ「持ち味」がちがいますね。例えば,街には,八百屋さん,お肉屋さん,花屋さ…
います。それから,お医者さん,警察官,消防士さん,タクシーの運転手さん,大工さん,ガードマン…
の役わりをもった人たちが働いています。いろいろな人たちがいて,街は成り立っているのです…
それと同じように,私たちのクラスも,いろいろな人たちがいて,1つのクラスが成り立っていま…
からこそ,おたがいに助け合ったり,楽しくなったり,安心できることもあるでしょう。
下の表の中のどこかに,まず,自分の名前を書いてみましょう。クラスの中で,あなたはどんな存在…
あなたの名前を書いたら,クラスの人の名前も書き入れましょう。日ごろのみんなの様子を思い…

元気な人	自由な人	正直な人	がんばる人	やさ…
見守っている人	落ち着いて判断できる人	ひかえめな人	好奇心旺盛な人	想像…
感情が豊かな人	ストレスをためない人	器用な人	運動が得意な人	いろ…
頭がいい人	行動力がある人	物事を慎重にすすめる人	たよりになる人	イキ…
魅力的な人	自然体の人	ていねいな人	自分らしさをもっている人	友達…
自分の考えをもっている人	おっとりしている人	素直な人	植物を育てるのが上手な人	よく…
動物と仲良しの人	笑顔がステキな人	人助けができる人	頭の回転が早い人	話を…

◆ つながり地図 ◆

人はいろいろな「つながり」の中で生きていますね。「家族」や「友だち」「近所の人」「場所」「物
それから「お気に入りの持ち物」や「思い出」「食べ物」など,いろいろな人や物の存在によって毎
そんなあなたの「つながり」の地図を書いてみましょう。自分にとって,より大切な存在は大きな
くに,遠くのものは遠くに書くなど,自分との距離も工夫してみましょう。イラストをかきたしながら,

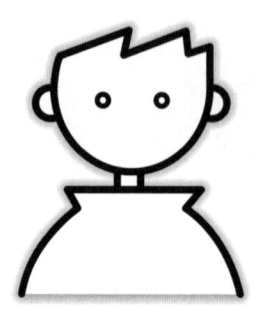

◆「ありがとう」の花束を作ろう ◆

私たちは、たくさんの人に支えられながら生きていますね。家族や友だち。学校の先生や職員の
町の安全を守ってくれている警察官。それから太陽や雨、公園のベンチやテレビなど、いろいろな
する時間をもらうこともあるかもしれません。あなたの感謝の気持ちを「ありがとう」の言葉と

Thank

気になること、さようなら

あなたはいま,気になっていることがありますか？ 心配なこと,不安なこと,イライラしていること
さんつまっている人もいるかもしれませんね。気になることがたくさんあって,落ち込んでしまう
「気になること」を全部,風船にふぅ〜っと吹き込んで,飛ばしてしまいましょう！ そっと目を閉じて
か気になっていることはないかな？」と自分に聞いてみて,何かが出てきたら,「〜のこと」と絵に
い人は「Aのこと」のように自分だけがわかるようにしてもかまいません。
飛ばしてしまいたいものは,飛ばしましょう。風船は飛ばさずに,ひもを手で持っていたい場合は,

ニコニコさん と チクチクさん

私たちは、まわりの人の表情や言葉でうれしくなったり、悲しくなったりすることがありますね。
「ニコニコさん」は、思わずニコニコしてしまうような、うれしくなったり、こころがあたたかくなる言
逆に「チクチクさん」は、こころがチクチク痛むような、悲しくなったり、がっかりしたり、イライラした
あなたにとっての「ニコニコさん」と「チクチクさん」は何ですか？　思いつくままに書いてみま

安心ワールド

あなたが「ホ～」と安心したり,体も心も,のんびりゆったりできるのは,何をしているときですか?
「よく行く場所」「ほんとうにある場所」でなくてもいいです。こんな景色(けしき)を想像(そうぞう)したら安心でき〜
自由に,思いつくままに書いてみましょう。
心が弱くなったときに,この「安心ワールド」を思い出してみるのもいいですね。

自分のなかのいろんな自分

最近の自分自身を思い出してみましょう。元気なときでも,実は,何かが心配になっていたり,いや
いつもそのことで頭がいっぱい！　というのではなくても,ときどき思い出しては気になることが
そんなふうに1人の人間の中には「いろいろな気持ち」があり「いろんな自分」がいるものです。
最近の自分を思い返して「自分の中にはどんな自分がいるかな？」と考えてみましょう。
どんなあなたも大切なあなたです。どの「あなた」も大切にできるといいですね！

元気リスト

ちょっと落ち込んでいるとき,悲しいことがあったとき,つかれたとき,自分を元気にしてくれるもの
元気を与えてくれるものは,あなたが,あなたらしく生活していけるために必要なものです。大切

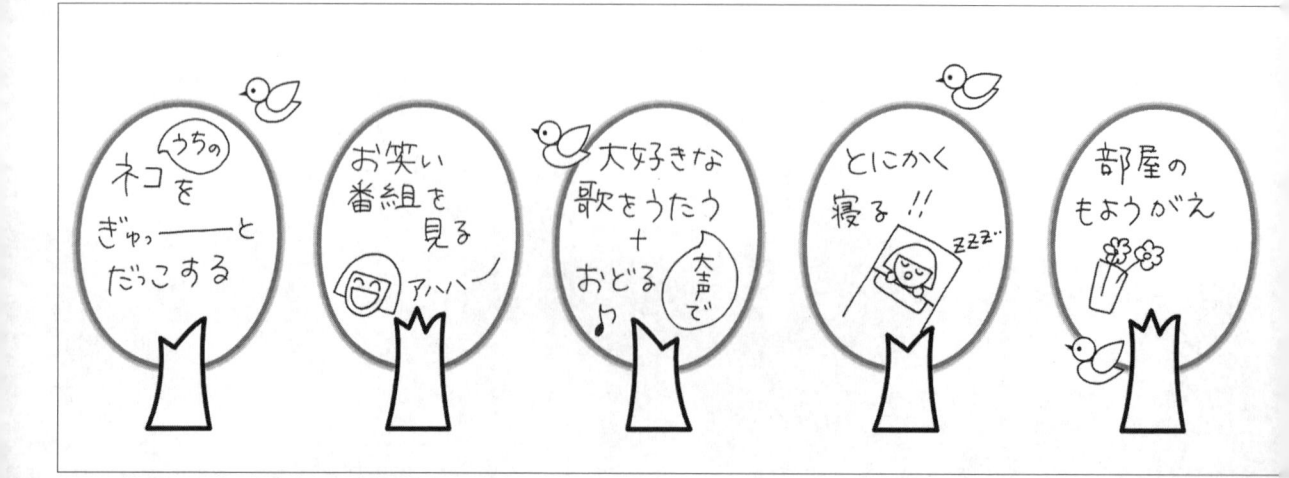

例

- ネコ（うちの）をぎゅっ——とだっこする
- お笑い番組を見る　アハハ
- 大好きな歌をうたう＋おどる♪　大声で
- とにかく寝る!!! zzz…
- 部屋のもようがえ

はじめに

小さいころの風景

あなたは,幼いころを思い出すことはありますか？　どんなシーンを思い出すでしょうか？
小さいころ,「一番しあわせを感じたシーン」を書いてみましょう。色えんぴつなどを使って,自由に

自分の人生ゲーム

「人生ゲーム」を知っていますか？ サイコロで出た数だけ進んでいく「すごろく」のようなもの
な出来事が書いてあります。その内容に応じて、お金をもらったり、支払ったりしながらゲームは進
自分の人生ゲームを作ってみましょう。誕生から現在まであった出来事、それから将来の出来事
を時間にそって書いてみましょう。ゲームのルールは自由に変えてもかまいません。自由に、楽し
ね！

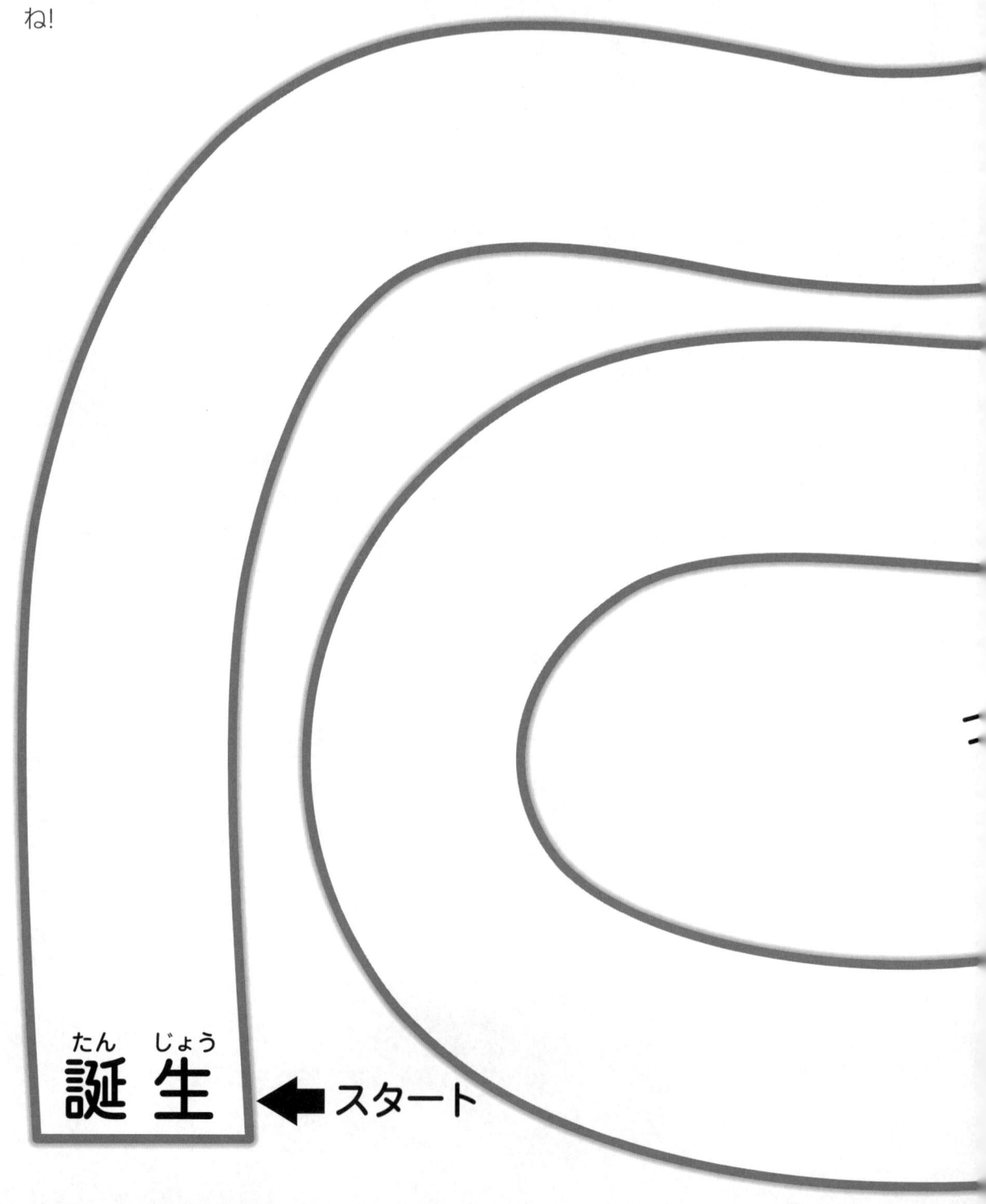

誕生 ← スタート

自分辞書

同じ言葉でも,人によってもっているイメージや意味が少しずつちがうことがあります。
あなたにとって,次の4つの言葉はどんな意味やイメージがありますか? あなただけの辞書を作

学校って,なに?

友だちって,なに?

勉強って,なに?

幸せって,なに?

私の宝もの

あなたの「宝もの」は何ですか？ 人やペット,物,思い出,時間など,あなたにとっての大切なもの,ての「宝もの」を書いてみましょう。

どんなとき?!

私たちは,いろいろな感情をもっていますね。うれしくなったり,悲しくなったり……。毎日のでき
下の動物にはそれぞれテーマが書いてあります。あなたが,その気持ちになるのはどんなとき

- うれしいとき
- 悲しいとき
- 楽しいとき
- 泣きたいとき
- 幸せなとき
- ムカつくとき
- イライラするとき
- ビックリするとき
- こわいとき

スキスキ・ランド

あなたの好きなものは何ですか？ それぞれのトラックには，1つずつテーマが書いてあります。せていってください。それぞれには「これがいちばん好き！」という理由があるかもしれませんね。そんなことを考えながら書いてみるのもいいですね。

生きもの	食べもの	教科
本	遊び	テレビ番組
時間	場所	言葉

ⓒNaoko Otake 2005　　No.01

について, あなたがいちばん好きなものを乗
はどうしてこれがいちばん好きなのかな～?」

例

生きもの	食べもの	教科	色
本	遊び	テレビ番組	歴史上の人物
時間	場所	言葉	におい

（トラックに「色」）

（トラックに「歴史上の人物（れきしじょう）」）

（トラックに「におい」）

感じたこと・考えたこと

実施日　　　　年　　組　　番

名前

©Naoko Otake 2005　　No.02

……………………………………
～の中で気持ちも変化します。
か？　思いつくものを書いてみましょう。

例

- ほめられたとき → うれしいとき
- 悪口を言われたとき → 悲しいとき
- サッカーをしているとき → 楽しいとき
- ひとりぼっちのとき → さみしいとき
- （　　　）→ 泣きたいとき
- 大好きなケーキを食べているとき → 幸せなとき
- マネをされたとき → ムカつくとき
- （　　　）→ ホッとするとき
- 約束を守ってくれないとき → イライラするとき
- （　　　）→ ビックリするとき
- 夜中にトイレに行くとき → こわいとき
- 心がモヤモヤするとき → さけびたくなるとき

（さみしいとき）

（ホッとするとき）

（さけびたくなるとき）

感じたこと・考えたこと

実施日　　　　　年　組　番

名前

まで ずっと大切にしてきたもの, あなたにとっ

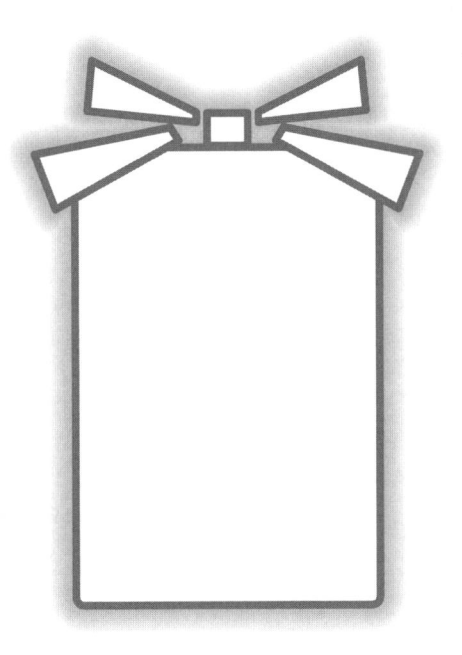

例

ポチ!オ かむけど かわいい…… ペットの犬	賞状 運動会でもらった 初めての賞状!	私の名前 よしこ おじいちゃん がつけて くれた
小さい ころ、海に 行った思い出 楽しかった!!		幼ななじみ まさこちゃん 小さい時 いっぱい 遊んだ

感じたこと・考えたこと

. . . .

実施日 /	年　　組　　番
	名前

みましょう。

例

学校って、なに？
勉強したり 友だちと遊んだり する所……。学校がなくなったら 困るけど、時々イヤになる。 学校は、私に必要な所？ 毎日 楽しかったら うれしい所。

勉強って、なに？
授業をうけたり、宿題をしたり テスト勉強をすること……。あまり 楽しくない。「自分のために勉強 しなさい」と言われるけど、本当に ためになるのか、よくわからない。 楽しい勉強 がしたい！

友だちって、なに？
言いたいことが言えて、それでも 仲よくできたら 本当の友だち？ クラスが変わると遊ばなく なる友だちがいる。正直 友だちって よくわからない。

幸せって、なに？
思わず ニッコリ😊してしまう感じ。 「あ〜!! 生きててよかった〜!」 という感じ。（ケーキ食べている とき＆ディズニーランドにいるとき） みんな、幸せになるために がんばっている !!

感じたこと・考えたこと

実施日	年　　組　　番
／	名前

©Naoko Otake 2005　　No.05

1つずつのコマには,人生で起きる,いろいろ
す。
うなってほしい!」や「こうするつもり!」など)
ーモアあふれるゲームを作ってみてください

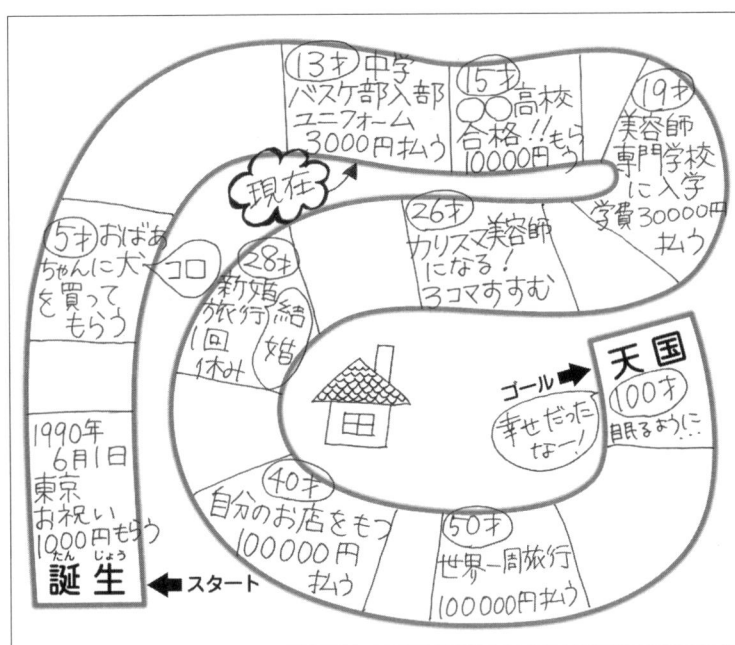

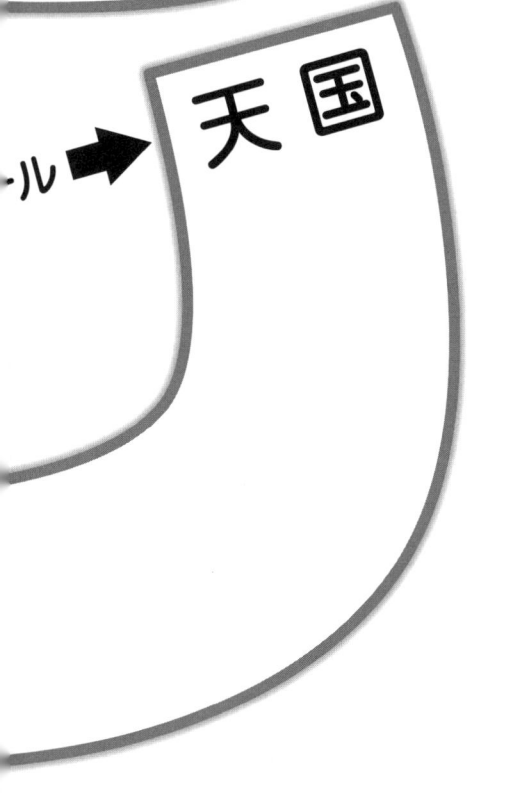

例

ゴール→天国

感じたこと・考えたこと

実施日	年　　組　　番
/	名前

©Naoko Otake 2005　No.06

てみましょう。

例

4才の夏の夕方、夕焼けがきれいでじっと見ていたら、光がおりてきて吸いこまれそうになった。まるで雲の中にいる気持ちになり、すご〜〜〜〜〜く幸せな気持ちになった。

感じたこと・考えたこと

実施日	年　組　番
／	名前

©Naoko Otake 2005　　No.07

ですか？　いままでのことをふりかえって書いてみましょう。
きるといいですね!

感じたこと・考えたこと

実施日	年　組　番
/	名前

いをしたりもしているかもしれません。
もしれません。

例

- ○○くんが好き
- きらわれているか心配
  この頃、たかこちゃんの様子がおかしい…。
- イライラ
  お兄ちゃんとケンカばかり…
- すごくがんばったのに…。
  テスト悪かった
- どーしてもほしい！
  デパートで見たゲームがほしい！

感じたこと・考えたこと

実施日	年　組　番
／	名前

な場所にいるときでしょうか？
。そんなこともあるかもしれませんね。

例

朝、誰かが ニコニコ笑って 声をかけてくれたとき

手をつないで もらっているとき
最近は、手をつないで いない…

ふとん
ふとんに入った とき…
特に まくら 大好き!!

感じたこと・考えたこと

実施日	年　　組　　番
/	名前

©Naoko Otake 2005　　No.10

表情や行動などです。
言葉や表情や行動などです。

例

ニコニコさん
- 「ありがとう！」
- 「ずっと友だちでいようね」
- (欠席した次の日)大丈夫？
- ニッコリ笑ってくれる顔
- 手をふってくれるとき

チクチクさん
- 「バカじゃない！」
- 「ウザイ」
- 「ムカつく」
- 無視されること
- こっちを見ながらコソコソしたりクスクス笑うこと

感じたこと・考えたこと

実施日	年　　組　　番
／	名前

気になっていることが,心の中にたく
あるでしょう。
の自分を思い返してみましょう。「何
こんでみましょう。名前を書きたくな

書き足してくださいね。

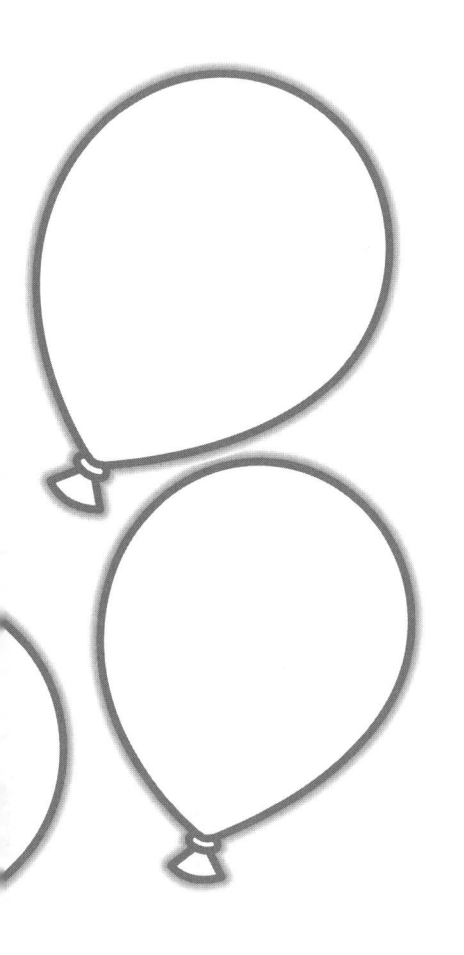

例

お父さんの大切な本をよごしてしまったこと

作文の宿題をしていないこと

朝お母さんにしかられたこと

たけしくんとけんかしたこと

Kのことひみつ

感じたこと・考えたこと

実施日	年　　組　　番
/	名前

所の人やお店の人。お医者さんや
物からも元気をもらったり,ほっと
書いてみましょう。

例

感じたこと・考えたこと

実施日	年　　組　　番
／	名前

」。
ていることと思います。
だり,自分にとって近いものは近
書いてみるのもいいでしょう。

例

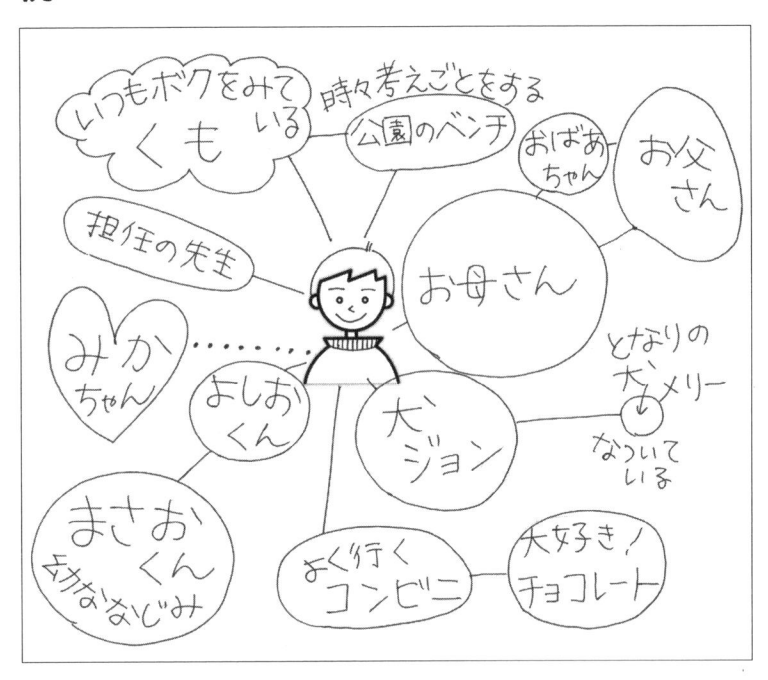

いつもボクをみている / くも / 時々考えごとをする 公園のベンチ / おばあちゃん / お父さん / 担任の先生 / みかちゃん / よしおくん / お母さん / となりの犬 メリー なついている / 犬 ジョン / まさおくん 幼なじみ / よく行く コンビニ / 大好き！チョコレート

感じたこと・考えたこと

実施日 ／　　年　組　番
　　　　　名前

いろいろなお店をしている人たちが
ど,数えたらきりがないほど,たくさん

な,それぞれちがった持ち味がある

うか?
,名前を書いてみましょう。

	ホッとできる人
かな人	本を読むのが上手な人
えている人	みんなを楽しませてくれる人
いる人	センスがいい人
のが上手な人	字が上手な人
人	ありがとう,が言える人
てくれる人	ごめんなさい,が言える人

感じたこと・考えたこと

実施日 ／　　　年　組　番

名前

きました。おじいさん、おばあさん、そのまたおじい
毎日の生活も、太陽があって、空気があって、土や水
た、地球や宇宙(うちゅう)の存在があって「私はここに存在し
いる」と考える人もいるかもしれません。こんなふ

例

感じたこと・考えたこと

実施日	年　　組　　番
/	名前

©Naoko Otake 2005　　No.16

う　◆

,まだ読み終わっていない本を
の言いたいことを伝えることは
たら,どうしますか？

してくれません。
じゃん！　もうちょっと貸して
くんはできるだけ早く返してほ

くんが本を返していない理由

を返していないBくんの気持ち

くんが，Aくんに言われたら
持ち（悲しい気持ち,いかり,イライラ）」
葉

例

① 「本を返して」と言えないAくんの気持ち
・Bくんにきらわれたくない
・1度「返して」と言ったので言いにくい

② Bくんが本を返していない理由
・まだ読んでいない
・「大切な本」だとは知らない

③ 本を返していないBくんの気持ち
・少し気になっている
・本のことを忘れている

⑤ あなたがAくんだったら、どのように言いますか？
今日、Bくんの家の近くに行くから、本を取りに行ってもいい？

④ Bくんが、Aくんに言われたら「嫌な気持ち（悲しい気持ち,怒り,イライラ）」になる言葉
・早く返せよ！

みんなの意見

感じたこと・考えたこと

実施日	年　　組　　番
/	名前

No.17

）じ「晴れ」でも,雲ひとつない青い
に近いくもりの人もいれば,雨が降
。
しょう。
んだら,それもそのまま書いてみま

例

←少し風が吹いている
どんよりしたくもり
きっとはれるよ

感じたこと・考えたこと

実施日	年　組　番
／	名前

No.18

あると思います。
」「本当はだれかに助けてほしい。

変化が生まれてくるか確かめてみま

たことを5つの雲の中に書いてみま

例

あなたはもっと いいたいことを言ってもいんだよ
うん、わかった…。でも、言いたいこと言って、みんなからきらわれないかな？

泣きたいときには 泣いたっていいんだよ

あなたには他の人にはないよさがありますよ
うん…でもそれってどこなんだろう？どっかあるのかな？？

あなたががんばっているのを知っていますよ
うん、ありがとう。私、けっこうがんばってるよね。

間違えたってていいんだよ
そうなの？でも、まちがえてみんなから笑われちゃうのがこわい…。

んだよ

間違えたっていいんだよ

感じたこと・考えたこと

実施日	年　　組　　番
／	名前

「勉強きらい虫」などが，自分のここ
しようもできない」「"虫"にふり回

の虫」の名前を書いてみましょう。

例

虫の名前　こわい虫
どんなときに出てくる？
休み時間。グループで行動するとき

きらわれるのが

虫の名前　つねり虫
どんなときに出てくる？
弟がイヤなことを言ってイライラするとき

虫の名前
どんなときに出てくる？

虫の名前
どんなときに出てくる？

虫の名前
ときに出てくる？

虫の名前
ときに出てくる？

感じたこと・考えたこと

実施日	年　組　番
/	名前

©Naoko Otake 2005　　No.20

にだれにも言えないとき，何があな
ってくれているもの」は，どんなメッ
由に書いてみましょう。③そのメッ

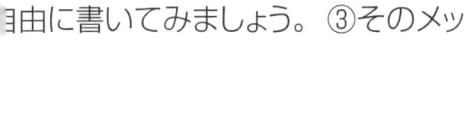

ージを届けてくれているかな？

ジをどんなふうに大切にできるかな？

例

① 見守ってくれているもの

② どんなメッセージを届けてくれているかな？
君が がんばっている
のを、いつも 見ているよ。
間違えても、失敗しても
いいんだよ。
大丈夫だよ〜

③ そのメッセージをどんなふうに大切にできるかな？
さみしい時、
困った時、この言葉を思い
出す。
心の中で お月さまといっぱい
お話する。
きっと、何かメッセージを
くれる！！

感じたこと・考えたこと

実施日	年　　組　　番
／	名前

いですね。あなたがこれまで体験し
もしれません。

ふりかえり

1. 自分に手紙を書いて、自分の気持ちに気づいたことがありましたか?

2. 自分へのメッセージを十分に伝えられましたか?

3. 手紙を書き終わってみて、これから、どんなことを自分のためにしていきたいと思いますか?

4. 感じたこと・考えたこと

実施日	年　　　組　　　番
/	名前

©Naoko Otake 2005　　No.22

何をお願いしますか？　次の魔法使

を3つかなえてあげよう！」

例

「1日だけ変身させてあげよう！」
何になる？
パイロット
変身して何をする？
空を飛ぶ！
世界一周！！

「願いごとを3つかなえてあげよう！」
1. スポーツ万能！
2. 花子ちゃんと両思い
3. 宝くじ1等に当たる

「1回だけ過去にもどしてあげよう！」
「どのとき」にもどる？
小学4年生の夏
そこで何をする？
アキラくんが引っ越す前に、借りてたマンガ本を返す。

願いごとがかなったら…
何がしたい？　どんなことができるかな？
部活や大会で活やくする。みんなをびっくりさせる。自分を好きになる！！

がかなったら…
？　どんなことができるかな？

感じたこと・考えたこと

実施日		年　　組　　番
／		名前

©Naoko Otake 2005　　No.23

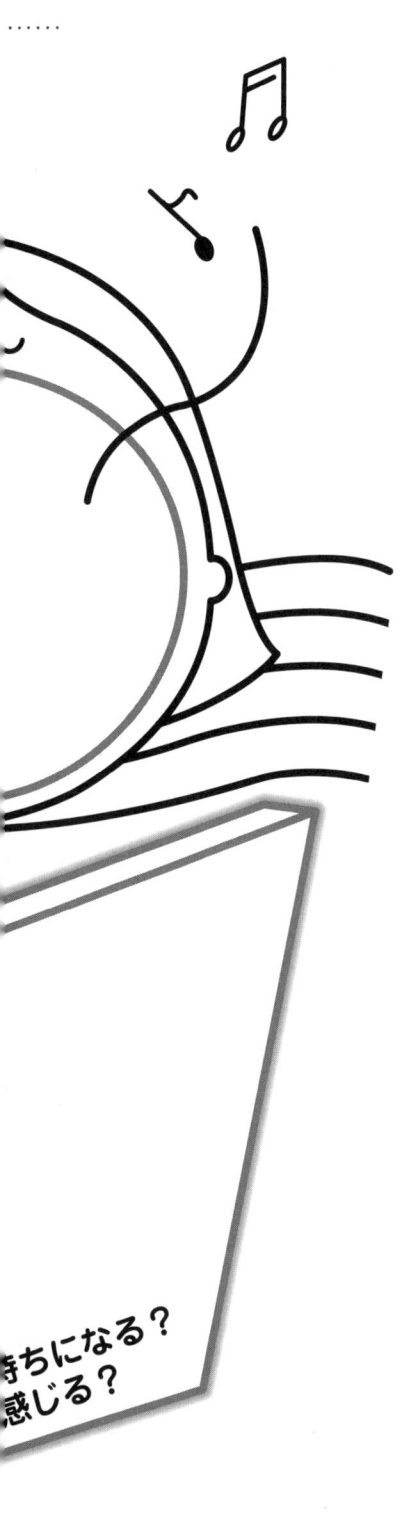

例

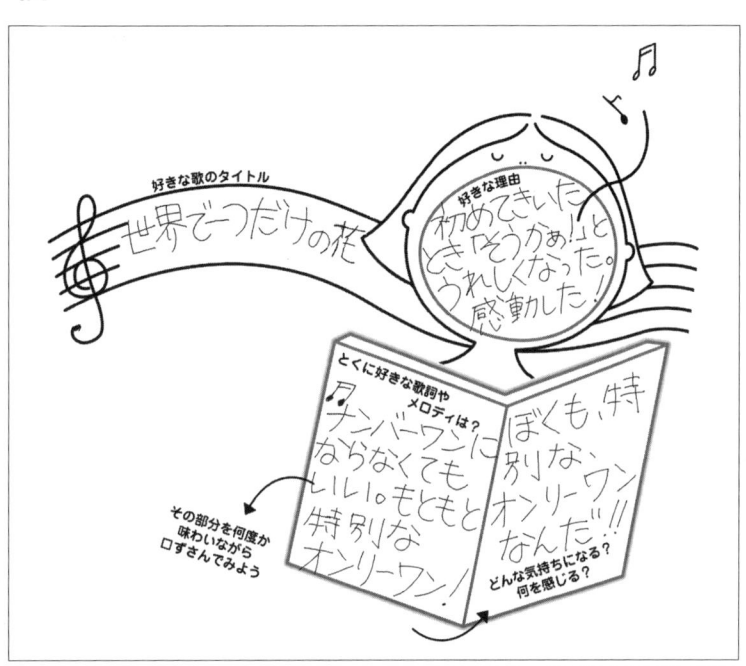

好きな歌のタイトル：世界で一つだけの花
好きな理由：初めてきいたとき「そうかぁ！」とうれしくなった。感動した！

とくに好きな歌詞やメロディは？
「ナンバーワンにならなくてもいい。もともと特別なオンリーワン！」
「ぼくも、特別な、オンリーワンなんだ！！！」

その部分を何度か味わいながら口ずさんでみよう
どんな気持ちになる？何を感じる？

JASRAC 出0501069-501

感じたこと・考えたこと

....
....
....
....
....

実施日		年	組	番
/	名前			

、その物語は「桃太郎」が主人公でしたね。
たな発見や驚きが生まれるかもしれません。

第3幕　～桃太郎が去ったあと～

［例］
桃太郎たちが去ったあとの鬼が島には，怪我(けが)をした鬼や，こわれた家が残りました。お父さん鬼やお母さん鬼が，子どものためにためた宝ものはすべて桃太郎が持って帰ってしまいました。鬼たちは「人間とは，本当にこわい生き物だ」と話し合いました。

実施日		年　　組　　番
／		名前

©Naoko Otake 2005　No.25

です。その詩を読んで感じたことを
かが書いた好きな詩をそのまま書い
はなく,想像(そうぞう)でもいいのです。だれか

Dear あなた
　　　　　　　　　　どらみ

あたしは,あなたがすき。
2年3組のあなた。大好き。
そのうちぜったいむすばれる。
あたしは,あなたを待っています。
早くあたしの気持ちに気づいて。

生きるって,なぁに?
　　　　　　　　　　ため息

生きるって,なぁに?
楽しいこと?　苦しいこと?
つらいこと?　悲しいこと?
幸せなこと?　孤独(こどく)なこと?
その全部,生きるっていうこと?
それはみんなも同じなの?
友だちいっぱいの,あのコも
ひとりぼっちの私も

「バカ」になろう
　　　　　　　　　　イルカのエコー

バカになろう
勉強なんてめんどうくさいだけだから
バカになろう
いろいろあれこれ考えるのはやめて
何も考えずにいよう
この青空のように頭をからっぽにして
ぽっかりと浮(う)かぶ雲みたいに
君のことだけを考えていたいのさ

(無題)
　　　　　　　　　　リュー

今日も学校
昨日も学校
たぶん来週のたんじょうびも学校
なんか毎日,毎日
おなじことのくりかえしで
生きている気がしないんだよ!

実施日	年　　組　　番
/	名前

©Naoko Otake 2005　　No.26

しょう。
して言ってみましょう。
みましょう。絵でも,言葉でも,

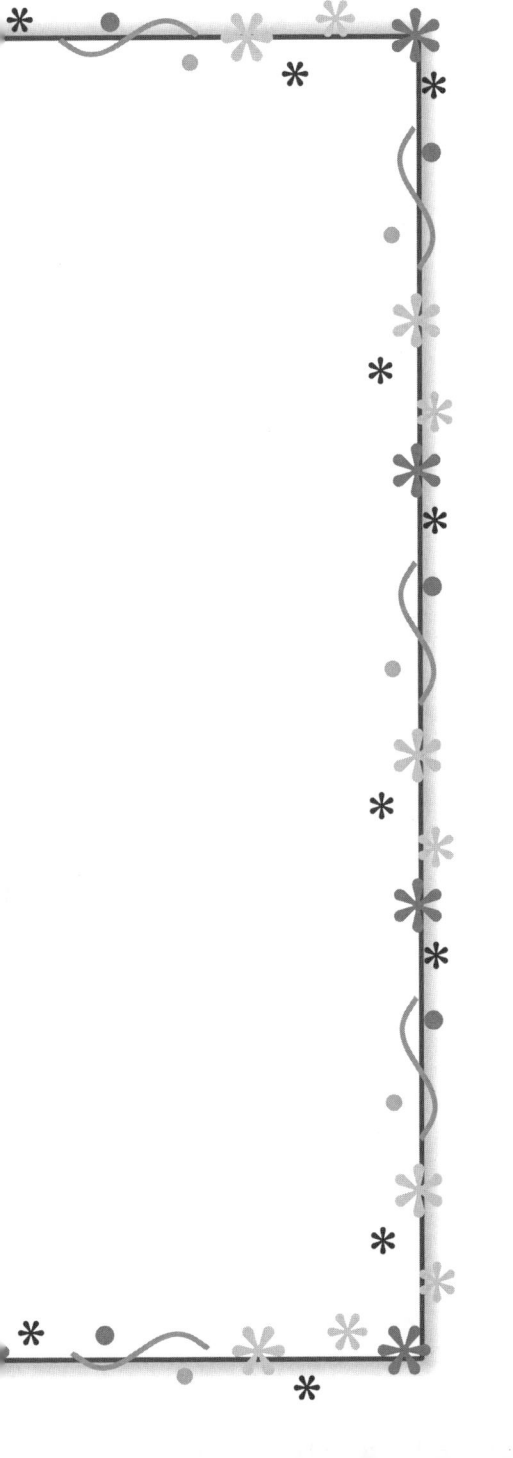

> 私が,すこやかで,幸せで,平和でありますように
> このクラスのみんなが,すこやかで,幸せで,平和でありますように
> この学校のすべての人が,すこやかで,幸せで,平和でありますように
> この町のすべての人が,すこやかで,幸せで,平和でありますように
> この地域のすべての人が,すこやかで,幸せで,平和でありますように
> この都市のすべての人が,すこやかで,幸せで,平和でありますように
> この国のすべての人が,すこやかで,幸せで,平和でありますように
> この地球のすべての人が,すこやかで,幸せで,平和でありますように
> この惑星のすべての人が,すこやかで,幸せで,平和でありますように
> この宇宙のすべての人が,すこやかで,幸せで,平和でありますように

手塚郁恵『好ましい人間関係を育てるカウンセリング』（学事出版・29ページ）
ジョン・ミラー著／吉田敦彦他訳『ホリスティック教育』（春秋社・280ページ）より

例

感じたこと・考えたこと

実施日		年　　　組　　　番
／	名前	

No.2

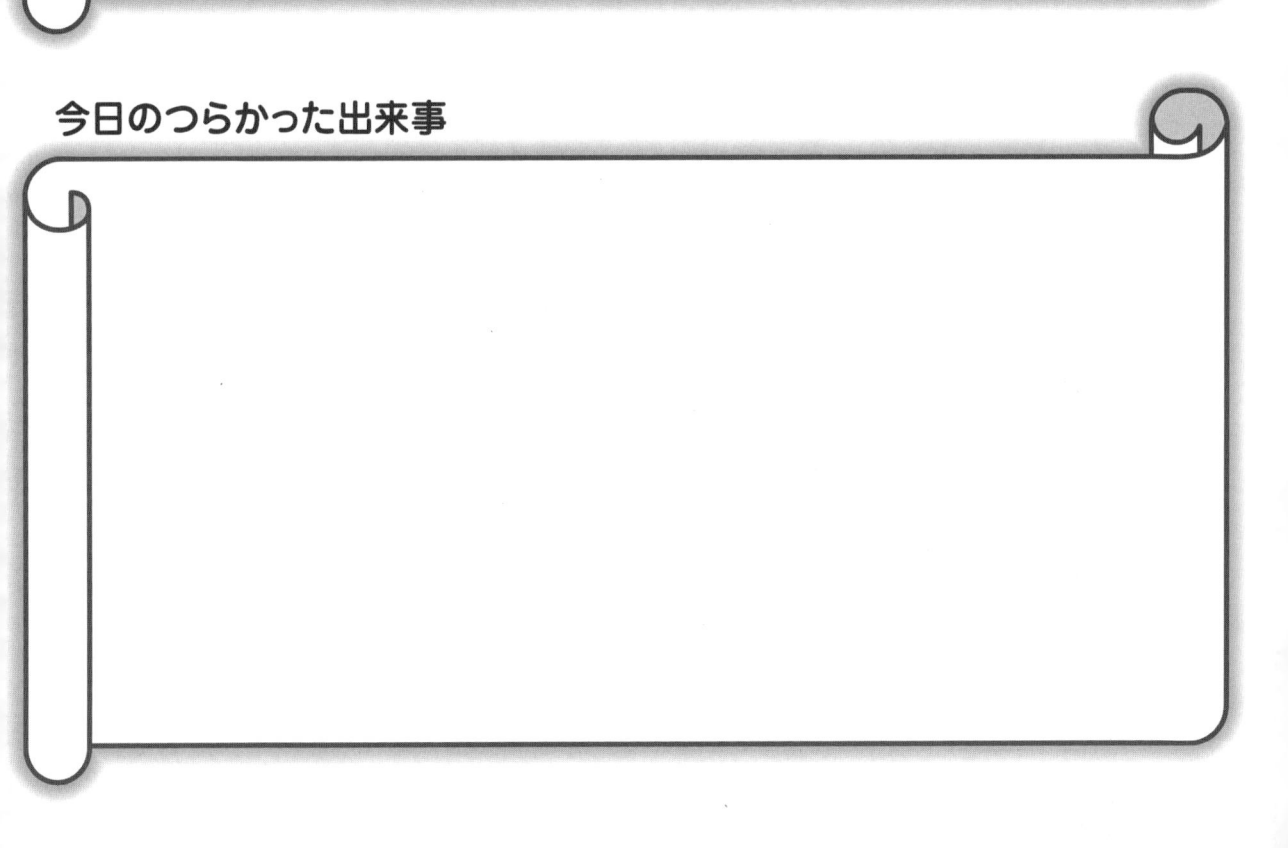

_____月 _____日（　）のこと

_____年_____組_____番

名前_____

今日のしあわせな出来事
（でき ごと）

今日のつらかった出来事

No.2

_____ へ

_____ より

----- キリトリ線 -----

No.3

感じたこと・考えたこと

____年 ____組 ____番　名前 _____